Gustav Adolf Ludwig Baur

**Boetius und Dante**

Gustav Adolf Ludwig Baur

**Boetius und Dante**

ISBN/EAN: 9783743326743

Hergestellt in Europa, USA, Kanada, Australien, Japan

Cover: Foto ©ninafisch / pixelio.de

# ZUR FEIER

DES

# REFORMATIONSFESTES

UND DES

## ÜBERGANGS DES RECTORATS

AUF

## D. ADOLF SCHMIDT

LADET HIERMIT EIN

### DER RECTOR DER UNIVERSITÄT

## D. HERMANN BROCKHAUS

DURCH DEN

DESIGNIERTEN DECAN DER THEOLOGISCHEN FACULTÄT

## D. GUSTAV ADOLF LUDWIG BAUR.

---

BOETIUS UND DANTE.

---

LEIPZIG, 1873.

VERLAG VON ALEXANDER EDELMANN,
UNIVERSITÄTS-BUCHHÄNDLER.

Bei der am 31. October stattfindenden akademischen Feier des Reformationsfestes wird nach beendigtem Gottesdienst der Student der Theologie *P. G. Kummer* aus Stöntzsch eine lateinische Rede über das im Wesen der evangelischen Kirche liegende Interesse für die Förderung des Schulwesens halten, mit besonderer Berücksichtigung des Sendschreibens Luthers: „An die Rathsherrn aller Städte deutschen Landes."

Hierauf wird in der Aula der Universität der derzeitige Rector *D.* Hermann BROCKHAUS, ordentlicher Professor der ostasiatischen Sprachen, nach erstattetem Bericht über das verflossene akademische Jahr das Rectorat seinem erwählten und bestätigten Nachfolger *D.* Adolf SCHMIDT, ordentlichem Professor des römischen Rechts, feierlich übergeben.

**Leipzig,** 23. October 1873.

Akademische Gelegenheits- und Festschriften haben sich heutzutage der Aufmerksamheit nicht mehr zu erfreuen, welche man ihnen früher wohl zu widmen pflegte; und wenn sie auch nach alter Gewohnheit noch geschrieben und veröffentlicht und an die Berechtigten vertheilt werden, so weiss man doch, dass sie meist einem dunkeln und unbeachteten Dasein entgegengehn, und nur die Herrn Bibliothekare schenken ihnen fortwährend wenigstens eine generelle Aufmerksamkeit, indem sie viel zu sagen wissen von der Sorge, welche ihnen die Unterbringung dieser Masse von Programmen mache, durch die jede ordentliche Bibliothek verdorben werde. Gleichwohl würde es zu bedauern sein, wenn man den alten Brauch aufgeben wollte, denn er gibt doch den mit seiner Wahrnehmung Betrauten Gelegenheit, namentlich Specialitäten zu behandeln, zu deren Veröffentlichung sich sonst nicht leicht die Möglichkeit findet, und an welchen nicht gar viel verloren ist, wenn sie dem Loose der Vergessenheit verfallen. Solche Erwägungen sind es, welche bei der Wahl des Themas der vorliegenden Abhandlung mitgewirkt haben. Die Beziehung eines Gelehrten zu dergleichen Specialitäten aber hat der Natur der Sache nach in der Regel auch ihre besondere Geschichte, und wenn schon Dante uns nicht durch den üblichen Gang allgemein wissenschaftlicher Studien entgegengebracht wird, sondern ein jeder, der sich eingehender mit ihm beschäftigt, von besondern Erlebnissen, welche ihn dazu veranlasst haben, und die sich zuerst als Zufälligkeiten ansehen, die er aber später als eine günstige Führung preist, zu erzählen haben wird, wie dies jüngst noch von dem ehrwürdigen Veteranen Karl Witte im Vorwort zu seinen Dante-Forschungen[1]) geschehen ist: so möge um so mehr gestattet sein, der sachlichen Begründung der Zusammenstellung zwischen Boetius und Dante die persönliche vorausgehen zu lassen.

---

[1]) C. Witte, Dante-Forschungen. Halle 1869, S. VII ff.

Im Herbstprogramm des Darmstädter Gymnasiums vom Jahre 1832 hatte Carl Friedrich Weber, der 1835 als Director des Gymnasiums nach Cassel berufene und 1861 als Professor der Philologie in Marburg verstorbene Herausgeber des Lucanus, die Gedichte aus der Consolatio philosophiae des Boetius zugleich mit der damals zum ersten Male herausgegebenen griechischen Uebersetzung des byzantinischen Mönchs Maximus Planudes[2]) veröffentlicht. Der Director des Gymnasiums, J. F. C. Dilthey, ein geistvoller und ungewöhnlich anregender Lehrer, nahm keinen Anstand in dem folgenden Semester in vier wöchentlichen Stunden mit den Selectanern jene Gedichte eines Schriftstellers aus dem ehernen Zeitalter der römischen Literatur zu lesen, dem aber J. C. Scaliger das Zeugniss gegeben hatte: „Quae (Boetio) libuit ludere in poesi, divina sane sunt. Nihil illis cultius, nihil gratius. Neque densitas sententiarum venerem, neque acumen abstulit candorem. Equidem censeo paucos cum illo comparari posse."[3]) Die Neuheit und der Reichthum des Gedankeninhaltes, auch die zahlreichen Anklänge in der Schrift des gelehrten Epigonen an Bekanntes aus der classischen Literaturperiode sprachen eigenthümlich an, und die grosse Mannigfaltigkeit der metrischen Formen reizte zu dem Versuche, diese in deutscher Uebersetzung wiederzugeben. Die Gedichte führten zu den prosaischen Abschnitten der Consolatio, mit welchen jene eine zusammenhängendes Ganze bilden, und ohne welche sie nicht völlig verständlich sind. Auch diese wurden übersetzt, und so begleitete mich Boetius vom Gymnasium auf die Universität, wo die Beschäftigung mit ihm in der Inauguraldissertation, mit welcher ich mich 1841 in Giessen habilitierte, zunächst ihren Abschluss fand.[4]) Zehen Jahre später — „nel mezzo del cammin di nostra vita" — nahm ich in einer müssigen Stunde wie zufällig das erste Bändchen der 1732 in Lucca mit dem Commentar des Jesuiten Venturi erschienenen Ausgabe der Divina commedia in die Hand. Ich hatte sie längst für wenige Groschen bei einer Versteigerung erworben, aber mich nicht daran gewagt, weil mich, wie so manchen, das traditionelle Vorurtheil von der unüberwindlichen Schwierigkeit, ja Ab-

---

[2]) Carmina A. M. S. T. Boethii graece conversa. Primus edidit C. F. Weber. Darmstadii. 1832. 4.

[3]) De arte poetica, VI, p. 761.

[4]) De A. M. S. Boethio, Christianae doctrinae assertore. G. Baur. Darmstadii. 1841.

strusität der gewaltigen Dichtung schreckte. Zu meinen Erstaunen sah ich, dass, wenigstens was das sprachliche Verständniss anlangt, diese Schwierigkeit so gross nicht sei, und zu meiner höchsten Freude, dass das Original doch anders packte, als die Uebersetzung von Streckfuss, mit welcher ich es bis dahin versucht hatte. Um jedoch der Ueberwindung der Schwierigkeiten und der Ausdauer bei der Arbeit sicherer zu sein, verband ich mich mit Max Rieger, welcher damals in Giessen docierte und seitdem namentlich als Herausgeber und Biograph Walthers von der Vogelweide sich bekannt gemacht hat. Er meinte auf meine Einladung zur gemeinsamen Arbeit, wenigstens bis zur Francesca von Rimini wollten wir einmal mit einander lesen. Aber das unvergleichliche Gedicht fasste uns mit unwiderstehlicher Gewalt. Allein und gemeinschaftlich lasen wir es wiederholt von Anfang bis zu Ende durch, und zum Beweise, wie die Bewegung, zu welcher wir damals den Anstoss empfingen, bis heute noch nicht wieder zum Stehen gekommen ist. hat Rieger in diesem Jahre über Dante's Leben und Göttliche Komödie eine kleine, aber überall auf selbstständigen Studien beruhende und in jedem Worte erwogene Schrift veröffentlicht,[5]) deren „nothgedrungene Oberflächlichkeit" zu entschuldigen ihn nur jene den Germanisten von strengster Schule eigenthümliche Bescheidenheit veranlassen konnte, die nichts für gründlich und vollwichtig gelten lässt, was ein Anderer, als die eigentlichen Fachgenossen, verstehen und brauchen kann. Mir selbst aber war bei dem Lesen der Commedia die Erinnerung an so Manches, was ich in der Consolatio meines alten Bekannten Boetius gelesen, wieder erweckt worden, und nachdem diese Bekanntschaft an der Hand der neuesten Ausgabe von Rudolf Peiper[6]) gründlicher erneuert worden ist, versuche ich, über den, wie mir scheint, bisher noch nicht hinreichend gewürdigten Einfluss, welchen Boetius auf Dante geübt hat, einige Andeutungen zu geben, welche sich bei fortgesetzter Beschäftigung mit beiden Dichtern leicht werden vermehren lassen. Im Allgemeinen hat man jenen Einfluss allerdings immer anerkannt, und wenn F. Chr. Schlosser in seiner Universalhistorischen Geschichte der alten Welt gerade dem Leben und den Schriften und namentlich der

---

[5]) M. Rieger, Dante. Separat-Abdruck aus „Altes und Neues", Erbauungsblatt für gebildete evangelische Christen. Verlag von Julius Niedner in Wiesbaden.
[6]) Anicii Manlii Severini Boetii Philosophiae consolationis libri quinque. Accedunt eiusdem atque incertorum opuscula sacra. Recensuit R. Peiper. Lipsiae. 1871.

Consolatio des Boetius eine ganz besonders ausführliche und eingehende Darstellung widmet, so ist diess offenbar der bekannten Begeisterung des Verfassers für die Divina commedia zu verdanken, deren Zusammenhang mit jener Schrift des Boetius ihm nicht entgangen war.[7]) Im Einzelnen finde ich diesen Zusammenhang am eingehendsten von Schündelen nachgewiesen,[8]) auf dessen Arbeit ich übrigens erst aufmerksam geworden bin, nachdem ich mit der meinigen im Wesentlichen zum Abschluss gekommen war.

Die alten Biographen Dantes führen unter den Schriftstellern, welche er studirt habe, Boetius nicht ausdrücklich an. Bocaccio z. B. berichtet nur: „Familiarissimo divenne di Virgilio, di Orazio, di Ovidio, e di Stazio, e di ciascuno altro poeta famoso."[9]) Wenn aber der erste Ausleger der Commedia auf dem zu Florenz für sie errichteten Lehrstuhl, anstatt seine allgemeinen Bemerkungen über die Studien Dantes nur durch namentliche Anführung einiger berühmter Gattungsrepräsentanten einigermassen rhetorisch zu beleben, von einer genauen Berücksichtigung der geschichtlichen Wirklichkeit sich hätte leiten lassen, so würde er unter den übrigen „berühmten Dichtern" auch den Boetius genannt haben. Denn dieser war es vor allen, welcher den Gedankeninhalt der Schriftsteller des classischen Alterthums, in die er sich, wie keiner seiner Zeitgenossen, mit hingebender Liebe versenkt hatte, in das Mittelalter herüberleitete und auch mit der Darstellungsform der alten Muster in seiner Consolatio glücklicher als irgend ein anderer seiner Zeit wetteiferte,[10]) und welcher darum im

---

[7]) 3. Theil, 4. Abth. des angeführten Werks, S. 91 f. 188. 190. 199 bis 244 und besonders 214.

[8]) Theologie und Philosophie bei Dante. Von dem Pfarrer Schündelen in Spellen, Diöcese Münster. Jahrbuch der Deutschen Dante-Gesellschaft, III. Leipzig. 1871, S. 50 und bes. S. 53 ff. Von demselben Verfasser rührt offenbar der Aufsatz: „Dante am Arno und am Rheine" her im 57. Band der Historisch-politischen Blätter (1866), S. 33—61, u. 109—127.

[9]) Auch diese Bemerkung findet sich nur in der längeren Recension der Vita di Dante von Bocaccio und fehlt in der kürzeren, welche u. a. im 5. Bande der Florentiner Ausgabe der Werke Dantes. 1830. S. 3—44 abgedruckt ist.

[10]) J. C. Scaliger, welcher seine Abstammung auf die hochangesehenen Scaligeri oder della Scala in Verona, die grossmüthigen Beschützer Dantes, zurückführte (J. Bernays, Joseph Justus Scaliger. Berlin. 1855, S. 31 u. 107), und welcher auch für Boetius, der in Verona die gegen den römischen Senat erhobenen Verdächtigungen mit kühnem Freimuth vor Theodorich zurückgewiesen hatte, ein locales Interesse

Mittelalter, dessen wissenschaftliche Bildung wesentlich auf ihm beruhte, in ununterbrochener Tradition erhalten und mit besonderer Emsigkeit abgeschrieben und benutzt worden ist. Dante aber wurde zu ihm nicht bloss durch ein allgemeines Bildungsinteresse hingezogen. Dem grossen Florentiner legten schon seine Zeitgenossen neben dem Ruhm des Dichters den des Philosophen und Theologen bei. Schon jene Aufschrift, welche Giovanni del Virgilio für Dantes Grab in Ravenna verfasst hatte, welche aber, weil der Beschützer des Dichters, Guido Novello da Polenta, bald nach jenes Tode aus Ravenna vertrieben wurde, nach Bocaccios Zeugniss wenigstens fürs erste nicht zur Ausführung kam, verkündete von ihm:

>Theologus Dantes, nullius dogmatis expers,
>Quod foveat claro Philosophia sinu,
>Gloria Musarum, vulgo gratissimus auctor,
>Hic iacet et fama pulsat utrumque polum.[11])

hegte, hat sein oben angeführtes Urtheil über die Gedichte des Letzteren allerdings zu einiger Ueberschwenglichkeit emporstilisiert. Gleichwohl dürfte es gerechter sein, als das neuerdings von Teuffel (Gesch. der röm. Literatur. 2. Aufl. Leipzig. 1872, S. 1085—1088) ausgesprochene, welcher von der Consolatio philosophiae sagt: „Die Sprache ist die gezierte und manierirte seiner Zeit, doch temperirt durch ein nüchtern syllogistisches Element." Dass ein Schriftsteller dieser Zeit gegen die ursprüngliche Klarheit, Kraft und Eleganz der classischen Literaturperiode absticht, versteht sich von selbst. Aber man braucht nur einige Variae Cassiodors, oder ein paar Briefe und Reden des Ennodius zu lesen und sie mit der Poesie und Prosa der Consolatio zu vergleichen, um sich zu überzeugen, wie entschieden und hoch Boetius, im Anschlusse an die classischen Muster, über die gezierte und manierierte Sprache jener Zeitgenossen sich erhebt.

[11]) So lauten die zwei ersten von den sieben ursprünglichen Distichen dieser Grabschrift nach der kürzeren Recension von Bocaccios Vita di Dante im 5. Bande der Florentiner Ausgabe der Werke Dantes, S. 18, und nach Fraticelli, Storia della vita di Dante Alighieri. Firenze. 1861, S. 318. Die an deren Statt in den meisten Ausgaben der längeren Recension überlieferten dreizehn Hexameter beginnen mit demselben Anfangsverse, schliessen aber mit den sechs gereimten Hexametern, welche seit der letzten Hälfte des 15. Jahrhunderts die Aufschrift des Grabmals bilden und anfangen:

>Jura monarchiae superos Phlegetonta lacusque
>Lustrando cecini voluerunt fata quousque.

Die übrigen sechs Verse ruhen auf Motiven und Worten, welche jenen Distichen entlehnt sind· Uebrigens bezeugen Filippo Villani, welcher zu Anfange des 15. Jahrhunderts mit der Erklärung der Divina Commedia in Florenz betraut war, und

Die höchste Autorität für die Philosophie jener Zeit aber, „il maestro di color che sanno", wie ihn Dante selbst in der Commedia nennt,[12]) war Aristoteles. Sein Organon bot die Stützen und Bänder für den Aufbau, wie die Waffen für die Vertheidigung des dogmatischen Systems der mittelalterlichen Scholastik; und diese Rüstkammer war den Theologen und Philosophen des Abendlandes damals einzig und allein in den Uebersetzungen und Bearbeitungen aufgeschlossen, welche Boetius von den dialektischen Schriften des Aristoteles verfasst hatte, und ausser welchen es bis zum Ende des 12. Jahrunderts überhaupt keine lateinischen Uebersetzungen aristotelischer Schriften gab.[13]) Wie darum schon Cassiodor, nachdem er sich, der Staatsgeschäfte müde, in die Stille seines Monasterium Vivariense in Calabrien zurückgezogen hatte (539), seinen Mönchen für ihre dialektischen Studien fast nur Schriften von Boetius empfehlen konnte,[14]) so blieb es bis in Dantes Zeit. Ging doch der die ganze Scho-

---

Manetti, der 1459 in Neapel starb, dass diese sieben Distichen zu ihrer Zeit wirklich auf dem Grabmal geschrieben standen. Vgl. Fraticelli a. a. O. S. 323 u. 324; Paur, Ueber die Quellen der Lebensgeschichte Dantes. Görlitz. 1862, S. 11 u. 46.

[12]) Inferno. IV, 131.

[13]) Jourdain, Recherches critiques sur l'age et l'origine des traductions Latines d'Aristote. Nouv. ed. Paris. 1843, S. 209 u. 211: „Les ouvrages (d'Aristote) relatifs à l'art du raisonnement étaient employés avant le XII<sup>e</sup> siècle, car on possédait les versions de Boèce: les autres étaient ignorés En 1272, époque de la mort de saint Thomas, on possédait des versions faites, soit de l'arabe, soit du grec, de tous les ouvrages d'Aristote."

[14]) Diese am Schlusse von Cassiodors Dialektik stehende Empfehlung ist für die hervorragende Bedeutung, welche Boetius für das philosophische Studium der Folgezeit hatte, zu bezeichnend, als dass ich sie hier nicht mittheilen sollte: „.. iudicavimus recapitulare breviter, quorum labore in Latium eloquium res istae pervenerint, ut nec auctoribus gloria sua pereat, et nobis plenissime rei veritas innotescat. Isagogen transtulit patricius Boetius, commentaque eius gemina derelinquens. Categorias idem transtulit patricius Boetius, cuius commenta tribus libris ipse quoque formavit. Peri hermenias supra memoratus patricius Boetius transtulit in Latinum, cuius commenta ipse duplicia minutissima disputatione tractavit. Apuleius vero Madaurensis syllogismos categoricos breviter renodavit. Supra memoratus vero patricius Boetius de syllogismis hypotheticis lucidissime pertractavit. Topica Aristotelis uno libro Cicero transtulit in Latinum, cuius commenta prospector atque amator Latinorum patricius Boetius octo libris exposuit. Nam et praedictus Boetius patricius eadem Topica Aristotelis octo libris in Latium vertit eloquium." Vgl. den von Cassiodor im Namen Theodorichs an Boetius geschriebenen Brief, Variae, I, 45.

lastik beherrschende Gegensatz zwischen Realismus und Nominalismus wesentlich von einer Stelle der von Boetius bearbeiteten Isagoge des Porphyrius zu den logischen Schriften des Aristoteles aus.[15]) Wer also zu einer so gründlichen und ausgebreiteten Bekanntschaft mit der Schultheologie, wie sie durch die Commedia, und mit der philosophischen Methode jener Zeit gelangen wollte, wie sie neben jener durch die Vita nuova, das Convito, die Schrift De Monarchia und den Dedicationsbrief an Can Grande della Scala bezeugt wird, der konnte um Boetius nicht herumkommen, er musste durch ihn hindurch. Dass Boetius gleichwohl von Dante zur Empfehlung der dialektischen Methode, deren dieser sich

---

Also neben einer Schrift von Apulejus neun von Boetius: das war der für die Folgezeit typische Bestand der philophischen Bibliothek des Monasterium Vivariense. Den uns nicht erhaltenen Commentar des Boetius über die Topica des Aristoteles scheint auch Cassiodor nicht gekannt, wenigstens nicht besessen zu haben, wie er auch der vier Bücher De differentiis topicis nicht gedenkt, in deren Einleitung Boetius selbst jenen Commentar erwähnt hat. Dass übrigens die 1831 von A. Mai als neue Funde herausgegebenen Schriftchen De rhetorica cognatione und De locorum rhetoricorum distinctione nichts sind als Bruchstücke aus dem 4. Buch der oben genannten Schrift De differentiis topicis, das ist in meiner Schrift über Boetius von 1841 (S. 11) nicht bloss als eine „wohlbegründete Vermuthung" ausgesprochen (F. Nitzsch, das System des Boethius. Berlin. 1860, S. 23), sondern es ist eine Thatsache, von deren Richtigkeit sich jeder durch den Augenschein überzeugen kann, wie sie denn auch später von F. Halm (Museum für Philologie, XVIII. 1863. S. 463 f.) bestätigt worden ist, dessen Vermuthung, es habe noch Niemand bemerkt, dass beide Schriften längst gedruckt sind, nach Vorstehendem auf einem Irrthum beruht: diese bereits 1841 gemachte Bemerkung war schon 1843 von Obbarius in seiner Ausgabe der Consolatio S. XVII, wie später von Nitzsch a. a. O., als richtig anerkannt worden. Die angeführte Ueberzeugung zu gewinnen, ist nunmehr durch die Migne'sche Ausgabe der Schriften des Boetius (Patrologiae cursus completus. Tom. 63 u. 64. Paris, 1860) besonders leicht gemacht. Da folgen nämlich im 2. Band, S. 1215—1224 unmittelbar auf den Schluss der Schrift De differentiis topicis die beiden Schriftchen, wie sie Mai herausgegeben hat, um unter Weglassung einzelner Sätze noch einmal zu sagen was dort S. 1207—1214 schon zu lesen ist. Ebenso folgen sie übrigens nach Halms Mittheilung auch in zwei dem 10. Jahrhundert angehörenden Freisinger Handschriften der Münchener Bibliothek, und zwar von derselben Hand geschrieben, unmittelbar auf jene grössere Schrift, aus welcher man sie offenbar wie selbstständige Abhandlungen herausgehoben und mit besonderen Ueberschriften versehen hatte.

[15]) Die Stelle steht in Migne's Ausgabe tom. 2, S. 82; vgl. dazu Ueberweg, Grundriss der patristischen und scholastischen Zeit. 4. Aufl. Berlin. 1873, S. 115 u. 117 u. Nitzsch a. a. O., S. 70 u. S. 175 ff.

bediente, nicht ausdrücklich citiert wird, kann nicht Wunder nehmen, weil eben seine Autorität als die auf diesem Gebiete massgebende sich von selbst verstand, und die allgemein anerkannten dialektischen Principien, Lehren und Regeln im Einzelnen der Zurückführung auf ihre Quelle nicht bedurften.

Anders verhält es sich mit der Consolatio philosophiae. Empfahl sich diese schon durch sich selbst, indem sie das ehrenwerthe Wirken und tragische Geschick eines edeln Mannes und das innere Leben eines ernsten und reichen Geistes in eigenthümlicher und ansprechender Form darstellte; so wurde das Interesse an ihr noch dadurch erhöht, dass sie ein Werk des Mannes war, dem man lange Zeit so gut wie Alles verdankte, was man von der Philosophie des Meisters der Dialektik wusste, ja dessen Name manchen glänzender erschien, als der des Plato oder Aristoteles selbst, und den man überdiess als einen Märtyrer des orthodoxen Glaubens verehren zu müssen glaubte. Der mystische Zug, welcher dem überwiegend platonisch und neuplatonisch gefärbten Eklekticismus [16]) der Consolatio eigen ist, sprach insbesondere das Gemüth germanischer Leser an: sie wurde im 9. Jahrhundert von König Alfred ins Angelsächsische, im 11. von dem St. Gallischen Mönch Notker ins Althochdeutsche übersetzt. Aber auch in Spanien und namentlich in Frankreich fehlte es weder an Uebersetzungen und mannigfaltigen Nachahmungen des Buches, noch an Commentaren darüber, unter welchen letzteren der fälschlich dem Thomas von Aquino zugeschriebene, in Wahrheit aber von Thomas Walleys oder Anglicus (um 1332) verfasste, durch die ersten Drucke der Consolatio die weiteste Verbreitung fand; und die Schriftsteller, zumal die Dichter, des Mittelalters sind reich theils an ausdrücklichen Anführungen, theils an unverkennbaren Reminiscenzen aus dem vielgelesenen Buch.[17]) Der Umstand, dass der Eifer für die Uebersetzung desselben in Italien sich weniger früh und fruchtbar bethätigte, berechtigt noch nicht zu dem Schlusse, dass das Studium des Boetius dort lässiger betrieben worden sei; denn einerseits wurde dort das lateinische Original noch leichter und allgemeiner

---

[16]) Teuffel a. a. O.

[17]) Vergl. in der Vorrede zu Peipers Ausgabe die Abschnitte: De commentatoribus Consolationis (S. XXXXI—XXXXVI), De interpretibus, De imitatoribus Philosophiae consolationis, Boëti quae olim fuerit auctoritas aliis documentis comprobatur (S. LI—LXVI).

verstanden, und andererseits gebührt eben erst Dante wesentlich das Verdienst, die italienische Volkssprache zur Schriftsprache benutzt und ausgebildet zu haben. Aber als erster Uebersetzer der Consolatio unter den Italienern wird gerade der Lehrer Dantes, Brunetto Latini († 1295), genannt, und wenn diese Angabe auch gerechtem Zweifel unterliegt,[18]) so bezeugt doch Brunetto seine Vorliebe für die Schrift des Boetius und seine genaue Vertrautheit mit ihr durch ihre häufige Anführung und Benutzung in seinem Hauptwerke, dem Tesoro, welchen er in der Zeit seiner fünfundzwanzigjährigen Verbannung aus seiner Vaterstadt Florenz (1260—1284) zu Paris in französischer Sprache, bestimmter in der langue d'oil, verfasste.[19]) Nach diesem Allen muss man voraussetzen, dass auch Dante mit der Consolatio wohlbekannt war: abgesehen von der allgemeinen Bedeutung, welche die Schriften des Boetius für seine Zeit hatten, und von dem Interesse, welches man insbesondere der Consolatio zuwandte,

---

[18]) So viel ich sehe, gründet sich die Annahme, dass Brunetto Latini die Consolatio übersetzt habe, auf eine Angabe von Mehus in der Vita Ambrosii Traversarii vor dessen Epistolae, ed. Cannetus. Florentiae. 1759, S. 157 ff. Mehus selbst aber stützt sich wohl auf Argelatis († 1755) Bibliotheca de' volgarizzatori italiani, und von diesem sagt Tiraboschi (Storia della letteratura italiana, t. 4, l. 3, c. 5, 2. „L'Argelati avea già asserito (t. 1, p. 170) che Brunetto avea ancora tradotto la Consolazione di Boezio; ma questo errore si è poscia emendato, avvertendo (t. 5, p. 429) che solo diconsi in qualche codice tradotti da Brunetto i Motti de' Filosofi antichi aggiunti alla stessa Consolazione."

[19]) Vor mir liegt die italienische Uebersetzung dieser Encyklopädie: Il Tesoro di Brunetto Latini volgarizzato da Bono Giamboni. Nuovamente publicato secondo l'edizione del MDXXX. Venezia. 1839. 2 voll.; der 1863 von P. Chabaille nach den Pariser Handschriften herausgegebene altfranzösische Urtext ist mir nicht zur Hand. In jener Ausgabe nun wird die Consolatio citiert: Vol. II, S. 113 (zweimal), 170, 216, 218, 219, 225 (zweimal), 258. — Dass Brunetto, obwohl Italiener, sein Hauptwerk in französischer Sprache geschrieben, rechtfertigt er in der Vorrede: „Se alcuno domandasse, perchè questo libro è scritto in lingua francesca, poichè noi siamo d'Italia, io gli risponderò che ciò è per due cose: l'una, perchè noi siamo in Francia, e l'altra perciò che la parlatura francesca è più dilettevole e più comune che tutti li altri linguaggi." Den letzten dieser beiden Gründe würde sein Schüler nicht mehr haben gelten lassen, nachdem er auch auf eigene Werke in der Muttersprache hinweisen durfte mit dem stolzen: „Lo bello stile, che m'ha fatto onore," Inferno. I, 87, womit man vergleiche, was er im Convito (I, 11) über die unpatriotische und thörichte Unterschätzung der Muttersprache sagt.

war ihm diese durch den Vorgang eines hochverehrten Lehrers [20]) empfohlen. Dazu kamen aber noch seine persönlichen Erlebnisse und Erfahrungen, welche ihn zu dieser Trostschrift in ein besonders inniges persönliches Verhältniss brachten. Es kann nicht fehlen, dass in seinen Schriften ausdrückliche Beziehungen auf sie, oder — wo solche, wie in der Commedia, durch die dichterische Haltung der Sprache ausgeschlossen sind — doch deutliche Anklänge an das ehrwürdige Vermächtniss eines Schicksals- und Gesinnungsgenossen sich finden.

Dante selbst berichtet uns, wie er durch ein sein ganzes Wesen aufs tiefste erschütterndes persönliches Erlebniss zu einer eingehenderen Beschäftigung mit der Schrift des Boetius hingeführt wurde. Es ist aus dem Berichte Bocaccios und auf die unmittelbarste und zuverlässigste Weise aus der Vita nuova des Dichters selbst bekannt, wie dieser in seinem neunten Lebensjahre von der liebreizenden Erscheinung der um ein Jahr jüngeren Beatrice Portinari wunderbar ergriffen wurde. Der Mann bezeugt von diesem Erlebniss des Knaben, dass damit jener Abschnitt im Buche seines Gedächtnisses beginne, welcher den Titel führe: Incipit vita nova! Er hatte die himmelan ziehende Macht des Ewig-Weiblichen erfahren, wie es der deutsche Dichter tiefbedeutsam nennt. Beatrice war ihm die Verkörperung alles göttlich Reinen, Edelen und Schönen; die Neigung zu ihr eine religiöse Hingebung und Erhebung, durch welche er aus dem gemeinen Wesen und Treiben der Menge sich bestimmt ausgeschieden wusste.[21]) Dieser selbstlosen idealen Liebe konnte es keinen Eintrag thun, dass Beatrice sich nachher mit einem Herrn Simone de' Bardi vermählte. Die Vita nuova gedenkt dieses Ereignisses nicht einmal, und die Geliebte blieb dem Dichter fortwährend „eine Zerstörerin aller Laster und eine Königin aller Tugenden", deren Herrschaft er pries, weil sie ihren Getreuen von

---

[20]) Inf. XV, 82—87:
    Chè in la mente m' è fitto ed or m' accuora
    La cara e buona imagine paterna
    Di voi, quando in mondo ad ora ad ora
    M' insegnavate, come l' uom s' eterna;
    E quant' io l' abbo in grado, mentr' io vivo
    Convien che nella mia lingua si scerna.

[21]) Inf. II, 103: „... Beatrice, loda di Dio vera,
    Che non socorri quei, che t'amò tanto,
    Ch'uscío per te della volgare schiera?"

Allem abziehe, was böse ist. Aber „der Herr der Gerechtigkeit rief jene Adeligste (gentilissima) zu sich, auf dass sie zur Herrlichkeit einginge unter der Fahne Marias, deren Name in tiefster Ehrerbietung von dieser seligen Beseligerin (questa Beatrice beata) genannt wurde." Mit dem Hinscheiden der Geliebten (9. Juni 1290) verlor Dante den Halt, der ihn bisher über die Nichtigkeit, Verwirrung und Leidenschaft des Weltlebens erhoben und mit dem Ewigen und Göttlichen in Verbindung erhalten hatte. Nichts ist natürlicher, als dass er, Trost suchend, zu dem Buche zurückkehrte, dessen Titel schon, was er suchte, ausdrücklich verhiess. „Als ich," so erzählt er im Convito (II, c. 13), „das erste Entzücken meiner Seele, dessen ich oben gedacht (II, c. 2), verloren hatte, blieb ich zurück, von solcher Traurigkeit getroffen, dass kein Trost mir frommte. Indessen nach einiger Zeit war mein Geist, der nach Genesung strebte, darauf bedacht, da weder mein eigener, noch der eines Andern zu trösten vermochte, mich zu dem Wege zurückzuwenden, welchen irgend ein anderer Trostloser eingeschlagen hatte. **Und so schickte ich mich an, jenes nicht von vielen gekannte Buch des Boetius**[22]**) zu lesen**, in welchem er, gefangen und verbannt, sich getröstet hatte." Nachdem er weiter erzählt hat, wie er daneben auch Cicero's Lälius gelesen habe, fährt er fort: „Und wie es zu geschehen pflegt, dass ein Mensch Silber sucht und, ohne es zu beabsichtigen, Gold findet, welches eine verborgene Ursache ihm darbietet, wohl nicht ohne göttliches Walten; so fand ich, der ich mich zu trösten suchte, nicht allein ein Heilmittel für meine Thränen, sondern Worte von Autoren und von Wissenschaft und von Büchern, bei deren Betrachtung ich wohl urtheilen musste, dass die Philosophie, welche die Herrin dieser Autoren und dieser Wissenschaften und dieser Bücher war, eine Sache von dem höchsten Werthe (somma cosa) sei. Und ich dachte sie mir gestaltet wie eine edle Frau; und ich konnte sie mir in keinem anderen Verhalten, als in dem der Barmherzigkeit denken, wesshalb der Sinn für die Wahrheit sie so gerne anschaute, dass ich ihn kaum von ihr wegwenden konnte." Im 16. Capitel werden noch einmal „Boetius und Tullius"

---

[22]) „Quello non conosciuto da molti libro di Boezio." Das „conosciuto" ist hier vielleicht in einem engeren und höheren Sinne zu verstehen: auch Dante hatte das Buch schon früher gekannt, aber erst, nachdem er durch das Schwere, was er erlebt, auf sein Verständniss vorbereitet war, lernte er es in seinem vollen Sinn und Werth recht erkennen.

genannt als die, welche ihn „mit der Süssigkeit ihrer Rede, wie oben gesagt ist, in die Liebe einführten, d. i. in den Eifer (studio) für diese adeligste Herrin (donna gentilissima) Philosophie, mit den Strahlen ihres Sternes, welcher die Schrift von ihr ist." Da nun bei Cicero von einer solchen Personification der Philosophie sich nichts findet, so beziehen sich diese Worte im vollen Sinne nur auf die Consolatio des Boetius, in welcher gleich der Anfang der 1. Prosa die Philosophie als barmherzige Trösterin ihres im Kerker seufzenden Jüngers folgendergestalt einführt: „Haec dum mecum tacitus ipse reputarem querimoniamque lacrimabilem stili officio signarem, adstitisse mihi supra verticem visa est mulier reverendi admodum vultus oculis ardentibus et ultra communem hominum valentiam perspicacibus colore vivido et inexhausti vigoris." Es wird weiter unten auf die Frage zurückzukommen sein, inwiefern die Art, in welcher die Philosophie in der Consolatio als eine hohe und gnadenreiche Frau personificiert erscheint, auf die Darstellungsweise des Convito nicht allein, sondern wohl auch der Commedia Einfluss geübt hat.

Die erste lebendigere, nicht bloss literarische, sondern persönliche, Verbindung zwischen Dante und der Trostschrift des Boetius war also geschlossen. Aber sie bot ihm fürs erste nur den Trost, welchen ein jeder Leidende in philosophischen Gedanken und Betrachungen finden kann, die auf dem festen Grunde einer unerschütterlichen Ueberzeugung von dem weisen, gerechten und gütigen Walten Gottes ruhen: die besondere Trübsal, durch welche er zu ihr hingeführt worden war, hatte mit derjenigen, in welcher „der letzte Römer" seinen Trost bei der Philosophie gesucht hatte, noch keine Aehnlichkeit. Die Zeit sollte kommen, da Dante auch durch sein persönliches Schicksal zu Boetius in eine eigenthümlich nahe Verwandtschaft trat,[23]) und sein Interesse für dessen Consolatio neu belebt, durch mannigfaltige Beziehungen bereichert und zu grösserer Innigkeit vertieft werden musste. Der Zweck unserer Abhandlung fordert, dass von der politischen Stellung und von den daraus hervorgegangenen Schicksalen der beiden Männer eine kurze Darstellung gegeben werde.

---

[23] Schündelen, a. a. O. S. 53: „Man wird in der Geschichte nicht leicht zwei Charaktere finden, die so sehr einander ähnlich wären, wie der sogenannte „letzte Römer" und Dante; und auch in ihren äusseren Verhältnissen und Schicksalen stehen sie einander viel näher, als es nach der romanhaften Einkleidung ihrer Lebensgeschichte auf den ersten Blick scheinen könnte."

Als Theoderich, unter der Zustimmung, wenn nicht geradezu auf Veranlassung des Kaisers Zeno, mit seinen Ostgothen von der unteren Donau zum Kampfe gegen Odoaker nach Italien gezogen war (489) und diesen nach mehreren siegreichen Schlachten und dreijähriger Belagerung seiner Residenzstadt Ravenna im Jahre 493 zur Uebergabe gezwungen und bald darauf getödtet hatte, war Anicius Manlius Severinus Boetius, vermuthlich ein Sohn jenes Flavius Boetius, welcher 487 Consul war, und ein Enkel des Praefectus praetorio Boetius, welcher 455 unter Valentinian III. getödtet wurde, etwa fünfundzwanzig Jahre alt. Der stolze Amalersprössling, in seiner von den Italienern angestaunten Fülle männlicher Kraft und Schönheit und von seinen ersten Jünglingsjahren her mit reichem Siegesruhm geschmückt, zeigte doch, dass er die unbesiegte Kraft seiner Gothen nicht trotzig zu missbrauchen gedachte, sondern dass er in jahrelangem Verkehr mit dem Byzantinischen Hofe die wilde Kraft durch politische Erwägungen zügeln und überhaupt bestimmte Ziele eines geordneten Staatslebens verfolgen gelernt hatte. Gegen aussen musste in einer Zeit, in welcher die wilden Wogen der Völkerwanderung sich noch nicht gelegt hatten, sein Volk in steter Schlagfertigkeit und Kampfbereitschaft erhalten werden; im Innern aber sollte das eroberte Land Frieden haben und seinen alten Bewohnern die gewohnte Ordnung des bürgerlichen Lebens so viel als möglich bewahrt bleiben. Man kann darüber streiten, ob es wohlgethan war, dass Theoderich auf diese Weise den Todeskampf eines doch nicht mehr lebensfähigen Volkes und Staatswesens nur verlängerte, anstatt nach der Art anderer germanischer Eroberer durch rücksichtslose Unterdrückung den Process zu beschleunigen und zugleich das Aufgehen der Reste der unterdrückten Bevölkerung in das herrschende Volk zu erleichtern. Jedenfalls lag den Rücksichten der Menschlichkeit jener andere Weg näher, und es macht der besonnenen Milde des Gothenkönigs alle Ehre, dass er ihn eingeschlagen hat.[24]) So wurden denn die Gothen in

---

[24]) Durch eine im Jahre 1809 von der historischen Classe des Französischen Instituts gestellte Preisaufgabe über die Regierung der Ostgothen in Italien und insbesondere die Gesetzgebung Theoderichs sind mehrere gründliche Monographien über diesen Gegenstand unmittelbar, oder mittelbar veranlasst worden. Ausser der mit dem Preise gekrönten Schrift von G. Sartorius: Versuch über die Regierung der Ostgothen während ihrer Herrschaft in Italien und über die Verhältnisse der Sieger zu den Besiegten im Lande. Hamburg. 1811. verdankt ohne Zweifel derselben Veranlassung auch die treffliche Abhandlung von A. Schleiermacher: Ge-

jenes Drittel der Ländereien eingewiesen, dessen schon Odoakers Heer sich bemächtigt hatte. Freilich nicht, damit sie es selbst bebauen sollten. Die Wehrhaftigkeit des Volkes sollte ebensowenig durch Betrieb des Ackerbaus als durch Schulunterricht beeinträchtigt werden, in Bezug auf welchen der König meinte, wer als Knabe vor der Ruthe gezittert habe, der werde auch als Mann vor dem Feinde zittern; der Gothe hatte sein Haus auf dem Grundstück und erhielt dessen Ertrag, während die Römer es bebauten. Aber es war Theodorich Ernst mit dem Grundsatze, welchen Cassiodor später im Namen Athalarichs ausgesprochen hat,[25]) dass zwischen Gothen und Römern kein Unterschied stattfinden solle, als der, dass jene zum allgemeinen Besten der Arbeit des Krieges sich zu unterziehen, diese in Ruhe die segensreichen Werke des Friedens zu betreiben hätten. Die Römer wurden von ihren eigenen Richtern nach ihren alten Gesetzen, die Gothen von ihren Grafen gerichtet; bei Rechtsstreitigkeiten zwischen Römern und Gothen entschied eine gemischte Commission. Die alten römischen Aemter und Würden mit ihren stolzen Namen bestanden fort, wenn sie auch ihre alte Bedeutung verloren hatten, und wurden nach Umständen mit neuen vermehrt. Eine besondere Schonung liess Theodorich den Vorurtheilen der Bewohner Roms angedeihen, die ihre frühere Grösse noch nicht vergessen konnten. Dem Senat erwies er am meisten dadurch seine Achtung, dass er tüchtige Männer zu seinen Mitgliedern beförderte, und das Ansehen dieses Collegiums war unter ihm grösser, als es unter den Kaisern gewesen war. Die Würden des Consulats und des Patriciats

---

schichte Theoderichs des Grossen, Königs der Ostgothen, ihren Ursprung, welche sich in den Grossherzoglich Hessischen Hofkalender. Darmstadt. 1810 (S. 221—332) verirrt hat; und auch das fünfzehn Jahre später erschienene Werk von Manso: Geschichte des Ost-Gothischen Reiches in Italien. Breslau. 1824, knüpft trotz der umfassenderen Aufgabe, welche es sich gestellt hat, an jene Preisaufgabe ausdrücklich an. Auf Manso hauptsächlich gründet sich die ausführliche Darstellung, welche Schlosser in der Universalhistorischen Uebersicht III, 4, S. 79—242 von den fraglichen Verhältnissen gegeben hat. Von älteren Geschichtsschreibern verdient neben Gibbons geistvoller Darstellung (c. 39) besonders Mascou (Geschichte der Teutschen bis zu Abgang der Merovingischen Könige in sechs Büchern fortgesetzet. Leipzig. 1737, 11. Buch, III—VI und XXXVI—XLIII) Erwähnung, der mit seiner zuverlässigen Nüchternheit bündig und durchaus quellenmässig alles Wesentliche gibt.

[25]) Variae, VIII, 3: nec aliud inter vos esse divisum, nisi quod illi labores bellicos pro communi utilitate subeunt, vos autem civitatis Romanae habitatio quieta multiplicat.

behielt er bei, ja selbst die Wache des kaiserlichen Palastes in Rom hob er nicht auf, obgleich er selbst in Ravenna residirte. Und als er im Jahre 500 zum erstenmal Rom besuchte, versäumte er nicht, wie ein alter Triumphator, das Volk durch „panem et Circenses" in jubelnde Freude zu versetzen. Daneben gab er durch zahlreiche Bauten, die er aufführte, Gelegenheit zu Verdienst und erhöhte durch sie, wie durch eine reiche Hofhaltung, den Glanz seiner Regierung; und es geschah nicht allein auf Antrieb seines Ministers Cassiodor, sondern auch aus eigenem Interesse, dass er, zumal in Rom, öffentliche Unterrichtsanstalten freigebig förderte, wenn er auch für seine Gothen keinen Gebrauch von ihnen machte. Ganz besondere Anerkennung aber verdient die Weisheit, mit welcher er, obgleich Arianer, die römische Kirche einerseits innerhalb ihrer Sphäre gewähren liess und andererseits ihr gegenüber die Rechte des Staatsoberhauptes zu wahren wusste, so dass ihm selbst im Lager der Gegner das Zeugniss nicht versagt werden konnte, er habe niemals ein Glied der orthodoxen Kirche genöthigt, zur arianischen Partei überzutreten. Boetius nun, der Familie der Anicier entsprossen, welcher anzugehören selbst Kaiser sich zur Ehre rechneten, und durch Ehrenhaftigkeit der Gesinnung und eine wissenschaftliche Bildung, durch welche er alle seine Zeitgenossen überragte, der ausgezeichnetsten unter seinen Ahnen vollkommen würdig, genoss im reichsten Masse alle die Vortheile und Vorzüge, welche unter den dargestellten Verhältnissen das rücksichtsvolle Wohlwollen des Gothenkönigs einem edelen und hochverdienten Römer gewähren konnte. Noch in jugendlichem Alter wurde er zum Senator Illustris und zum Patricius, im Jahre 510 zum Consul ernannt, später verwaltete er das Amt des Magister officiorum. Mag man auf die uns erhaltenen Schreiben, welche Cassiodor in Theoderichs Namen und Auftrage an ihn richtete,[26]) als auf Beweise von der freundlichen und vertrauensvollen Gesinnung, welche der König gegen ihn hegte, keinen zu grossen Werth legen, weil sie eben der Minister in seinem eigenen überschwenglichen Curialstil verfasst hat, in welchem die verkünstelte Phrase nur zu leicht mit dem Gedanken durchgeht; so haben wir doch das vollwichtige Zeugniss von Boetius selbst, wenn er, im Kerker schmachtend und niedergeschlagen über die Grausamkeit seines Geschickes, von der Philosophie an die ausserordentliche Gunst sich erinnern lässt, durch welche das Glück ihn früher vor allen

---

[26]) Variae, I, 10. 45. u. II, 10.

ausgezeichnet hatte. Würden, nach welchen Greise vergeblich verlangen, hat es ihm in der Jugend verliehen, und insbesondere hat es ihm jenen glänzendsten Ehrentag bereitet, an welchem er die Freude hatte, seine beiden aus der glücklichen Ehe mit Rusticiana, der trefflichen Tochter des Patriciers Symmachus, entsprossenen Söhne, mit der Würde des Consulats geschmückt (522), im Geleite der Senatoren und unter dem Jubel des Volkes zur Curie fahren zu sehen, wo er selbst durch seine Festrede zum Lobe des Königs die allgemeine Bewunderung erregte, um dann im Circus, inmitten zweier Consuln sitzend, die Erwartung der ihn umflutenden Volksmenge mit der Freigebigkeit eines Triumphators zu befriedigen.[27]) Wie kam dieser Günstling des Glückes und seines Königs dazu, dass er auf königlichen Befehl von der Höhe seines Glückes plötzlich in den Kerker hinabgestürzt und zum Tode verurtheilt wurde? Die gewöhnliche Antwort auf diese Frage hat meines Bedünkens doch noch zu viel von derjenigen an sich, welche schon der sogenannte Anonymus Valesianus, ein gleichzeitiger Berichterstatter geistlichen Standes, der ein entsetzliches Latein schreibt, aber das Thatsächliche mit unschätzbarer Treue überliefert, gegeben hat: der Teufel habe Gelegenheit gefunden, den König zu beschleichen, einen Menschen, welcher bis dahin den Staat tadellos regiert habe.[28]) Es soll eben über Theoderich in seinen letzten Regierungsjahren (523—526) auf unbegreifliche Weise ein böser Geist gekommen sein, der ihn verleitete, der gewohnten weisen Besonnenheit und Milde zu vergessen und gegen die edelsten

---

[27]) Consolatio philosophiae, II, prosa 3.
[28]) Dieser Anonymus ist zuerst von H. de Valois im Anfange zu seiner 1636 zu Paris erschienenen Ausgabe des Ammianus veröffentlicht und seitdem auch von späteren Herausgebern diesem Schriftsteller beigegeben worden. Sartorius, a. a. O. S. 352, sagt von ihm: „Dieser anonymus Valesii, wie er gemeinhin bezeichnet wird, hat zwar einen Stil, der unter aller Critik ist, allein man fühlt, indem man ihn lieset, dass er die Wahrheit sagt, er ist unschätzbar in Bezug auf die Thatsachen, welche er erzählt, es ist nur zu bedauern, dass er so sehr kurz ist." Dieses Urtheil wird von Waitz, Göttinger Gel. Anz. 1865, S. 81 ff., und von Wattenbach, Deutschlands Geschichtsquellen im Mittelalter, 2. Aufl. Berlin. 1866, S. 44, bestätigt. Die oben angedeutete Stelle lautet: „Ex eo enim invenit diabolus locum, quemadmodum hominem bene rempublicam sine querela gubernantem subreperet." Zur psychologischen Erklärung des plötzlichen Umschlags in Theoderichs Stimmung enthält der etwas willkürlich construierende Aufsatz von Woltmann: Theoderich, König der Ostgothen (Kleine historische Schriften. Jena. 1797. II, S. 151—212), doch auch manches Treffende.

Männer mit ebenso unbegründeter, als bisher unerhörter Grausamkeit zu verfahren. Aber gegenüber einem Herrscher, dem die Gegner zugestehen mussten, dass sie früher keine Klage gegen ihn gehabt, liegt doch der Gedanke, es müsse eine solche plötzliche Umwandlung ihre natürlichen Gründe gehabt haben, zu nahe, als dass man sich nicht verpflichtet fühlen sollte, diesen Gründen nachzuforschen: es dürfte sich dann auch in diesem Falle das Wort bestätigen, dass einen Menschen verstehen, ihn auch, wenn nicht rechtfertigen, doch einigermassen entschuldigen heisst. In der besten Absicht, Italien den Frieden zu geben und zu bewahren und die Gewohnheiten und Rechte der alten Landesbewohner möglichst zu schonen, hatte Theoderich jene Scheidung zwischen dem Berufsleben und den Rechtsverhältnissen der Gothen auf der einen und der Römer auf der andern Seite ins Werk gesetzt. Aber es lässt sich nicht verkennen, dass diese Anordnung auch eine grosse Gefahr in sich schloss. Der Gegensatz zwischen Siegern und Besiegten wurde dadurch permanent gemacht; und er wurde von den letzteren um so tiefer und kränkender empfunden, je mehr sie trotz ihres politischen und geistigen Verfalls sich noch als die rechtmässigen Erben der Weltherrschaft und der Bildung des alten Rom betrachteten und in den Siegern nur unberechtigte Eindringlinge und rohe Barbaren erkannten. Durch die Gewaltthätigkeiten einzelner Gothen und durch den Servilismus einzelner Römer, welche, anstatt jenen zu steuern, auch die berechtigten Ansprüche ihrer Stammesgenossen preisgaben, wurde jener Gegensatz noch verschärft; und Theoderich musste erfahren, dass schonende Milde die rechte Waffe nicht ist, um die auf Erinnerungen an frühere Grösse sich gründenden Prätensionen eines unterworfenen Volkes zu bekämpfen. Dazu kam, dass fanatische Angehörige der katholischen Kirche schon gewohnt waren, sich als die allein Berechtigten anzusehen, und darum von einer Verpflichtung zur Dankbarkeit für die rücksichtsvolle Behandlung, welche der Gothenkönig ihnen angedeihen liess, nichts empfanden: sie sahen trotzdem in ihm nichts als den arianischen Ketzer. So fand, wenn dieser anachronistische Ausdruck gestattet ist, der Chauvinismus der Römer in dem Fanatismus der Katholiken seinen natürlichen Verbündeten; und wie gering das kirchliche Interesse bei den Einen und das patriotische bei den Andern gewesen sein mag, so kamen doch beide darin zusammen, dass sie von der Vertreibung der ketzerischen Barbaren und von der Wiederherstellung der römischen Herrschaft in Italien träumten. Insoweit diese Träume zu bestimmten Hoffnungen sich gestalteten, mussten diese an den byzantinischen Hof als den Mittelpunkt des noch bestehenden oströmischen Reiches sich anknüpfen, und gegen Ende der Regierung Theoderichs gab ihnen eine dort sich vollziehende Restauration belebende Nahrung. Bekanntlich war damals (seit 484) die Gemeinschaft zwischen der abendländischen und morgenländischen Kirche aufgehoben, weil man hier um des äussern Friedens willen eine Vermittelung zwischen den Bestimmungen des chalcedonischen Symbolums und den Lehren der Monophysiten hergestellt hatte, während die römische Kirche jene Bestimmungen, welche wesentlich von ihrem Bischof Leo I. ausgegangen waren, in aller Strenge festhielt. Wie der Kaiser Zeno, unter welchem sie zu Stande gekommen war, so erhielt auch sein Nachfolger Anastasius (491—518) jene Vermittelung in Kraft. Im Jahre 518 aber folgte Justin I. Von Haus aus ein illyrischer Bauer und dann aus einem Befehlshaber der Leibwache durch die üblichen unsaubern Mittel zum Kaiser geworden, überliess er die Sorgen der Regierung seinem Schwestersohn Justinian. Dieser begann sofort das Werk der Kirchenreinigung durch feierliche Anerkennung der chalcedonischen Beschlüsse und Verdammung der Irrlehrer, auch der beiden vorigen Kaiser, so dass 519 die zerrissene Verbindung mit Rom wieder hergestellt werden konnte. Insbesondere aber fand es Justinian. seit 523 angemessen, die Toleranz, welche Theoderich gegen die katholische Kirche geübt, dadurch zu vergelten, dass er in seinem Reiche die Arianer auf alle Weise bedrückte, sie zum Uebertritt in die katholische Kirche zwang, oder ihre Kirchen ihnen entriss, um sie den Katholiken zu übergeben. Um dem Bedrängniss seiner Glaubensgenossen Einhalt zu thun, sandte Theoderich den römischen Bischof Johannes nach Constantinopel mit dem Auftrage, den Kaiser zu grösserer Milde zu bewegen und insbesondere den mit Gewalt bekehrten Arianern die Erlaubniss zum Rücktritt zu erwirken. Johannes ging ungern, auch wird berichet, dass er dem letztgenannten Auftrag ein entschiedenes „Non possumus" entgegengesetzt habe. In Constantinopel aber wurde er mit einem Pompe empfangen, als ob er der heilige Petrus selbst wäre. [29]) Diese offenbare Demonstration musste

---

[29]) Der Anonymus berichtet: „... rex ... dicit ad eum: Ambula Constantinopolim ad Justinum Imperatorem et dic ei inter alia, ut reconciliatos haereticos in catholica restituat religione. Cui papa Johannes respondit: Quod facturus es, rex, facito citius. Ecce in conspectu tuo adsto. Hoc tibi non promitto me facturum, nec illi dicturus sum. Nam in aliis causis, quibus mihi iniunxeris, obtinere ab

Theoderich um so mehr 'empören, als in seiner Umgebung auch Anzeichen aufgetaucht waren von staatsgefährlichen Verbindungen, welche die Schwärmer für die Wiederherstellung der altrömischen Herrlichkeit mit Byzanz angesponnen hatten. Er sah sein in der besten Absicht unternommenes und gepflegtes Werk des Friedens und der Ordnung aufs äusserste gefährdet. Es half ihm nichts, dass er Italien während eines ganzen Menscheralters einen Friedensstand geschaffen und erhalten hatte, wie ihn viele vorausgegangene Generationen nicht gesehen und die nachfolgende ihn nicht wieder sehen sollte: statt von Anerkennung sah er sich von Feinden umgeben, in deren Augen er trotz einer musterhaften Regierung nur der Barbar geblieben war, welchen loszuwerden man schon nicht mehr bloss hoffte. Es brauchte nach solchen Erfahrungen wahrlich kein Wunder zu geschehen, um das Herz des Königs mit dem Gefühle bitterer Kränkung zu erfüllen und eine persönliche Gereiztheit in ihm zu erzeugen, welche ihm die Klarheit des Blickes trübte und ihm die Besonnenheit im Handeln raubte. Der Referendar Cyprianus glaubte, dass jetzt der rechte Zeitpunkt gekommen sei, um seine persönliche Feindschaft[30]) gegen den mit Boetius befreundeten Consular und Patricius Albinus zu befriedigen. Er denuncierte ihn wegen hochverrätherischer Briefe, die er an den Kaiser Justinus gesandt habe. Ob die Anklage irgend begründet war oder nicht, vermögen wir nicht zu entscheiden. Jedenfalls war Boetius von der Unschuld seines Freundes wie von seiner eigenen überzeugt. Wohl hatte Boetius, und ohne Zweifel ganz im Sinne des Königs selbst, seinen Einfluss benutzt, um seine Landsleute gegen die Gewaltthätigkeiten einzelner Gothen, oder auch gegen im Namen des Königs erlassene Verordnungen zu beschützen, welche für den Wohlstand des Landes verderblich waren. Auch vermochte er eben so wenig wie ein anderer Römer seiner Zeit in diesen germanischen Eindringlingen die Keime des neuen Lebens zu entdecken,

---

eodem annuente Deo potero. Jubet ergo rex iratus navem praeparari et superimpositum eum cum aliis episcopis, id est Ecclesium Ravennatem et Eusebium Fanestrem, Sabinum Campanum et alios duos simul et senatores, Theodoro, Importuno, Agapito et alio Agapito. Sed Deus, qui fideles cultores suos non deserit, cum prosperitate perduxit. Cui Justinus Imperator venienti ita occurrit ac si Beato Petro: cui data legatione omnia repromisit facturum praeter reconciliatos, qui se fidei catholicae dederunt, Arianis restitui nullo modo posse."
[30]) Das wird mit dem „actus cupididate" des Anonymus wohl gemeint sein.

welches auf den Trümmern der alten Welt erblühen sollte. Sein Auge war der vergangenen Grösse Roms zugewandt; aber er hatte Klarheit und Besonnenheit genug, um sie eben als eine unwiederbringlich vergangene anzusehen [31]). So wagte er denn, als er vor dem damals zu Verona weilenden König seinen Freund Albinus mit rücksichtslosem Freimuth vertheidigte, um Cyprians Anklage als durchaus falsch darzustellen, das kühne Wort: „Wenn Albinus schuldig ist, so bin auch ich es und ist es der gesammte Senat!" Der schlaue Denunciant aber fasste ihn bei diesem raschen Worte. Er brachte das Zeugniss dreier übel berüchtigter Subjecte und gefälschter Briefe bei, um zu beweisen, dass in der That auch Boetius mit Hoffnungen auf Wiederherstellung der römischen Freiheit sich getragen habe. Auch seine Collegen im Senat vergalten ihm seinen Eifer für Vertheidigung ihrer Unschuld nicht mit eben so muthiger Fürsprache [32]). Der Grundsatz, welcher ihn sein Lebenlang geleitet hatte, dass man suchen müsse, den Schlechten zu missfallen [33]), hatte ihn dahin geführt, dass er in der Stunde der Gefahr sich von allen verlassen fand. Die Gunst des gereizten Königs schlug in den heftigsten Zorn um. Boetius wurde ohne Verhör zum Tode und zur Proscription verurtheilt, zuerst in Verona gefangen gehalten, dann dem Präfecten von Ticinum übergeben, der ihn nach dem benachbarten Calvenzano (ager Calventianus) in Haft brachte. Dort verfasste er seine fünf Bücher vom Troste der Philosophie, in deren Anfang er bittere Klage darüber führt, dass er, auf immer getrennt von der Vaterstadt, von Gattin und Kindern, von seinem edlen Schwiegervater Symmachus und dem Kreise der trefflichsten Freunde, von seiner lieben

---

[31]) Consolatio, I, prosa 4: „Nam de compositis falso literis quibus libertatem arguor sperasse Romanam quid attinet dicere? Nam quae sperari reliqua libertas potest? Atque utinam posset ulla! Respondissem Canii verbo, qui cum a Gaio Caesare Germanici filio conscius contra se factae coniurationis fuisse diceretur: „Si ego, inquit, scissem, tu nescisses."

[32]) Ibid.: „An optasse illius ordinis salutem nefas vocabo? Ille quidem suis de me decretis, ut hoc nefas esset, effecerat.. Nunc quingentis fere passuum milibus procul muti atque indefensi ob studium propensius in senatum morti proscriptionique damnamur: o meritos de simili crimine neminem posse convinci!" Auf diese Klage bezieht sich in der folgenden Prosa die Bemerkung der Philosophie: „Increpuisti etiam vehementer iniusti factum senatus."

[33]) Consolatio, I, prosa 3: „Quibus hoc maxime propositum est, pessimis displicere."

Bibliothek, für Grundsätze büssen müsse, die seine Lehrerin ihm eingepflanzt. Etwa nach Verlauf eines Jahres wurde er im Kerker auf martervolle Weise hingerichtet.[34]) Bald darauf liess Theoderich auch Symmachus tödten, weil er fürchtete, dass dessen Schmerz über den Tod des Schwiegersohns seiner Herrschaft gefährlich werden könne, und auch der Bischof Johannes fand nach seiner Rückkehr aus Constantinopel im Kerker seinen Tod. Die Consolatio aber enthält nicht die geringste Andeutung davon, dass auch Boetius um eines kirchlichen Gegensatzes willen mit dem König in Conflict gerathen sei: er wurde der unschuldige Märtyrer des Gedankens an die einstige Herrlichkeit des römischen Staates, einer Idee, zu welcher freilich die ihn umgebende Wirklichkeit im schroffsten Gegensatze stand, auf deren Verwirklichung aber er selbst die Hoffnung aufgegeben hatte. Er fand seinen Trost darin, dass er über die verwirrende Unsicherheit und Ungerechtigkeit irdischen Regimentes zu der ruhig und fest beharrenden Ordnung der göttlichen Weltregierung sich erhob und statt der verlornen Fürstengunst die verlässigere Gemeinschaft mit dem König aller Könige suchte.[35])

---

[34]) Die oben stehende kurze Darstellung von des Boetius Verklagung, Verurtheilung und Hinrichtung hält sich vor allem an die Angaben der Consolatio selbst, wie sie namentlich in der 4. Prosa des 1. Buches sich finden, demnächst an die des Anonymus Valesianus. Darnach ist insbesondere auch die Oertlichkeit der ersten Gefangennehmung, der nachherigen längeren Haft und des Todes bestimmt. Ueber diese Oertlichkeit, oder diese Oertlichkeiten, über welche sich noch in Schriften neuesten Datums ungenaue, oder falsche Angaben finden, insbesondere über den ager Calventianus des Anonymus, d. i. Calvenzano, zwischen Pavia und Mailand im Gebiete der letzteren Stadt am linken Ufer des Lambro gelegen, gibt die Schrift von Biraghi: Boezio filosofo, teologo, martire a Calvenzano Milanese. Milano. 1865, einige brauchbare Notizen. Sonst bietet sie zum Besten der gegenwärtigen Eigenthümerin von Calvenzano, welcher sie dedicirt ist, im Grunde nur eine legendenhafte Ausstaffierung der letzten Schicksale des Boetius dar. Dagegen ist C. Bon-Compagni in seinen Notizie sulla vita di Severino Boezio e sulla storia de'suoi tempi (in den Memorie della Reale Academia delle scienze di Torino. Ser. II. tom. V. 1841, S. 1—37) auf anerkennenswerthe Weise bemüht, die Stellung des Boetius zu den politischen Verhältnissen und Bewegungen seiner Zeit nach den Quellen aufzuklären.

[35]) Vergl. Consolatio, I, metrum 5., V. 46—48:
Rapidos, rector, comprime fluctus
Et quo caelum regis immensum
Firma stabiles foedere terras!

Und zu einer ähnlichen Sinnesart hat Dante aus dem von feindlichen Gegensätzen bewegten politischen Leben, welches ihn umgab, sich emporgerungen. In dem Kampfe zwischen Ghibellinen und Guelfen, welcher damals das öffentliche Leben von ganz Italien mit all seinen grösseren und kleineren Gemeinwesen beherrschte, sah er sich auf die Seite der letzteren gestellt. Durch seine Geburt gehörte er einer guelfischen Familie an. In seinem zweiten Lebensjahre wurde in seiner Vaterstadt durch Karl von Anjou die guelfische Partei zur Herrschaft erhoben, als deren eigentlicher Vorort Florenz von nun an galt, und an deren siegreichen Kämpfen gegen die Ghibellinen bei Campaldino und Caprona (1289) er persönlich theilnahm. Sein Lehrer Brunetto Latini war entschieden guelfisch gesinnt, und durch seine Vermählung mit Gemma de' Donati wurde er mit einem der mächtigsten guelfischen Geschlechter verschwägert. Aber sein Sinn war zu gross und frei, um sich in die selbstsüchtige Beschränktheit eines Parteiinteresse bannen zu lassen. Es konnte seinem ernsten, eindringenden, durch historische und philosophische Studien gebildeten Geist auf die Dauer nicht verborgen bleiben, dass die Guelfenpartei ihrer grossen Mehrzahl nach den Schutz der päpstlichen Autorität auf der einen und den Beistand der Masse auf der anderen Seite nur suchte, damit sie, von einem höheren politischen Gedanken und von einer umfassenderen politischen Ordnung ungestört, ihre eigenen Sonderinteressen verfolgen könne. Je mehr er, seit der Mitte der neunziger Jahre etwa, in der Praxis der Staatsgeschäfte das politische Leben und Treiben kennen lernte, desto mehr befestigte er sich in der Ueberzeugung, dass seinem zerrissenen Vaterlande nur durch die Wiederherstellung eines, zwar mit dem Papste als dem höchsten Träger der geistlichen Gewalt einträchtig, aber auf dem Gebiete der weltlichen Macht selbstständig wirkenden und kräftigen kaiserlichen Regiments geholfen werden könne. So kam das Jahr 1300 heran, in welchem er das fünfunddreissigste Lebensjahr, „die

---

Und besonders ibid. III, metrum 9., V. 22—28:
    Da pater augustam menti conscendere sedem,
    Da fontem lustrare boni, da luce reperta
    In te conspicuos animi defigere visus.
    Dissice terrenae nebulas et pondera molis
    Atque tuo splendore mica: tu namque serenum,
    Tu requies tranquilla piis, te cernere finis,
    Principium, vector, dux, semita, terminus idem.

Mitte auf dem Wege unseres Lebens," erreichte, und mit ihm jenes wunderbare Gesicht, welches seine durch die wieder erwachte Macht seiner heiligen Jugendliebe vollzogene politische, wie religiöse und sittliche Wiedergeburt bezeichnet. Mit der Erwähnung dieser Vision schliesst seine bald darauf vollendete Vita nuova: „Nach diesem Sonett erschien mir ein wunderbares Gesicht, in welchem ich Dinge sah, die mich zu dem Entschlusse brachten, nicht mehr von jener Gebenedeieten zu singen, bis ich würdiger von ihr handeln könne. Dahin zu gelangen bemühe ich mich so viel ich kann, wie sie wahrhaftig weiss. Wenn es dem, durch den alle Dinge leben, gefällt, dass mein Leben noch einige Jahre dauere, hoffe ich von ihr zu dichten, was noch von keiner gedichtet worden ist. Und dann gefalle es dem, der der Herr der Tugend ist, dass meine Seele hingehen möge, um die Herrlichkeit ihrer Herrin zu sehen, nämlich jener gebenedeieten Beatrice, die in Herrlichkeit das Angesicht dessen sieht, der gelobt ist in Ewigkeit." Das Gedicht, in welchem Dante der verklärten Geliebten so herrlich Wort gehalten hat, ist die Divina Commedia. Das Gesicht, das ihm erschien, ist eben das, welches die Grundlage dieses Gedichtes bildet, das Gesicht von dem finstern Wald des Irrthums und der Sünde, aus dessen Verderben der Dichter dadurch erlöst worden ist, dass er weiter die Qual der Verdammten, die Läuterung der Bussfertigen und die Herrlichkeit der Seligen schaute. Vor Ablauf des folgenden Jahres waren die sieben ersten Gesänge vollendet, in welchen der Plan des Ganzen in seinen Grundzügen bereits deutlich vorgezeichnet ist. Auch dem Preise des römischen Kaiserthums begegnen wir hier schon, welches dem Dichter als der berechtigte Träger des weltlichen Schwertes galt, das Gott selbst zur Beschirmung der Christenheit auf dem Erdreich ihm verliehen hat; und zumal als der Sänger des römischen Kaiserthums ist Virgil geschickt, ihm als Führer zu dienen. Vom 15. Juni bis zum 15. August 1300 war Dante mit dem Priorate betraut und hatte somit Gelegenheit seiner politischen Ueberzeugung praktische Geltung zu verschaffen. Er that es, indem er mit unparteiischer Energie dem wüsten Parteitreiben zu steuern und eine edelere Gesinnung zu pflanzen suchte. Die Guelfen aber vertrauten auf die Hülfe des von dem Papst begünstigten Karl von Valois und schickten, um dessen Intervention zu betreiben, eine Gesandtschaft nach Rom. Um diesen Umtrieben zu begegnen, wurde von der Regierung mit andern auch Dante dahin abgesandt. Das stolze Wort, welches er nach Bocaccios Bericht damals (September 1301) gesprochen haben soll: „Wenn ich gehe, wer bleibt, und wenn ich bleibe, wer geht?" würde durch die bald folgenden Ereignisse seine Rechtfertigung gefunden haben. Seiner Partei fehlte nun seine Einsicht und seine Kraft. Sie widerstand nicht den lügenhaften Versprechungen des Franzosen, und nachdem diesem die Thore der Stadt geöffnet worden waren (November 1301), sättigte die guelfische Partei unter der Führung des wilden Corso Donati in grausamer Gewaltthätigkeit ihre Rachsucht an den Gegnern und bemächtigte sich der Regierung. Am 27. Januar des folgenden Jahres wurde über Dante ein Urtheil gefällt, welches, da seine Rückkehr an theils aus äusseren, theils aus sittlichen Gründen unerfüllbare Bedingungen geknüpft wurde, thatsächlich schon der Verbannung gleich kam. Am 10. März folgte ein zweites, welches diese Strafe über Dante und vierzehn Andere ausdrücklich verhängte und die Verurtheilten für den Betretungsfall mit dem Feuertode bedrohte.[36]) Nach dem Tage, an welchem er, um nach Rom zu gehen, Florenz verlassen hatte, sah er seine Vaterstadt nicht wieder, an welcher er, wie viele Stellen seiner Commedia beweisen,[37]) trotz alles Bitteren, was er in ihr und durch sie erfahren, mit rührender Liebe hing. Wie oft mag er da gedacht haben an seines Boetius: „An optasse illius ordinis salutem nefas vocabo? Ille quidem suis de me decretis, uti hoc nefas esset, effecerat. Nunc quingentis fere passuum milibus procul muti atque indefensi morti proscriptionique damnamur!" Hatte er auch nicht in Banden den nahen Tod zu erwarten, so musste er doch mit Boetius beklagen, dass er von Weib und Kind getrennt sei, die er nicht zu Genossen seines Schicksals machen

---

[36]) Beide Decrete (condepnationes, sive condepnationum sententiae) stehen bei Fraticelli, Storia della vita di Dante Alighieri, S. 147 ff. u. 151 f., das zweite auch bei Tiraboschi, a. a. O. t. 5, l. 3, c. 2, 5, wie das erste bei Wegele, a. a O. S. 588 ff.

[37]) Aus dem Convito gehören hierher die innigen und ergreifenden Worte des 3. Cap. im 1. Tractat: „Poichè fu piacere de' cittadini della bellissima e famosissima figlia di Roma, Fiorenza, di gettarmi fuori del suo dolcissimo seno, nel quale nato e nudrito fui fino al colmo della mia vita, e nel quale con buon pace di quella desidero con tutto il cuore di riposare l'animo stanco e terminare il tempo che m' è dato; per le parti quasi tutte, alle quali questa lingua si stende, peregrino quasi mendicando sono andato, mostrando contro a mia voglia la piaga della fortuna, che suole ingiustamente al piagato molte volte essere imputata. Veramente io sono stato legno sanza vela e sanza governo portato a diversi porti e foci e liti dal vento secco che vapora la dolorosa povertà."

durfte; und seinem stolzen Sinne kam es schwer an, gewahr zu werden, wie bitter fremdes Brot schmeckt, und ein wie saurer Weg es ist, auf fremden Treppen auf- und niederzusteigen. Wie Boetius durfte er sich sagen, dass er der Lauterkeit seiner Gesinnung und der Ehrenhaftigkeit seiner Grundsätze und seines Verhaltens diess traurige Loos verdanke; und wie der Mann, welcher seine Ehre darin gesucht hatte, den Schlechten zu missfallen, sah er sich in der Zeit der Noth verlassen und genöthigt, für sich allein eine Partei zu bilden, um in unverbrüchlicher Treue gegen Wahrheit und Recht gehärtet zu sein gegen alle Schläge des Schicksals.[38]) Auch seine Ueberzeugung von der politischen und welthistorischen Bedeutung des römischen Kaiserthums fand Berührungen mit der altrömischen Gesinnung des Boetius. Darin aber unterschied sich Dante von seinem Vorgänger, dass ihm diese von Rom ausgehende Weltherrschaft nicht bloss ein Gegenstand einer wehmüthigen Erinnerung, sondern auch einer lebendigen Hoffnung war, auf deren Verwirklichung er sein eifriges Trachten richtete. Zugleich war durch den Kosmopolitismus des Chritenthums der Gegensatz des Römers gegen die germanischen Barbaren abgestumpft worden. Wohl hat der mässige und nüchterne Italiener an der einzigen Stelle seines grossen Gedichtes, an welcher des deutschen Volkes im Ganzen gedacht wird,[39]) unsere Vorfahren mit dem wenig schmeichelhaften Epitheton der Tedeschi lurchi bedacht. Das aber ver-

---

[38]) Besonders ist hier der 17. Canto des Paradiso zu vergleichen. Dem Dichter, der sich „tetragono ai colpi della ventura" fühlt, kündigt hier sein Ahnherr Cacciaguida an (v. 55 ff.):

„Tu lascerai ogni cosa diletta
  Più caramente; e questo è quello strale,
  Che l'arco dell' esilio pria saetta.
Tu proverai sì come sa sale
  Lo pane altrui, e com' è duro calle
  Lo scendere e'l salir per altrui scale.
E quel che più ti gravirà le spalle
  Sarà la compagnia malvagia e scempia,
  Con la qual tu cadrai in questa valle;
Chè tutta ingrata, tutta matta ed empia
  Si farà contra te."

Darum räth er ihm: „A te fia bello
Averti fatta parte per te stesso."

[39]) Inferno, XVII, 21.

schlägt ihm nichts, dass ein Kaiser deutschen Stammes Scepter und Schwert des römischen Weltregiments führte. Er erhebt bittere Anklagen gegen Rudolf und Albrecht von Habsburg, dass sie, nur um ihre Hauspolitik bekümmert, Italien, den Garten des Reichs, der Verwüstung durch die wilden Parteikämpfe überlassen haben, anstatt das störrige Ross mit fester Hand zu zügeln, und erkennt in Albrechts blutigem Tode die gerechte Strafe für dieses schwerste Versäumniss.[40]) Und als im Jahre 1309 Heinrich von Lützelburg zu seinem Römerzug sich rüstete, da begrüsst Dante in ihm den politischen Heiland seines unglücklichen Vaterlandes und wird selbst zum kräftigsten Wirken für ihn begeistert. Fürsten und Völker Italiens mahnt er im Prophetenton an ihre Pflichten gegen den herannahenden Herrn. Er selbst eilt ihm entgegen und freut sich, dem gottgesandten Helfer die Füsse zu küssen. Das in seinem Widerstande beharrende Florenz straft und warnt er wegen dieser schweren Verschuldung gegen menschliches und göttliches Recht mit flammenden Worten. Dem Kaiser selbst sendet er Rath und Ermahnung zu ausharrender Verfolgung seines von Gott ihm anvertrauten Berufes.[41]) Unter dem anregenden Einflusse dieser Zeit hat er denn auch seine Schrift De monarchia verfasst, in welcher er seine politische Theorie als ein Glaubensbekenntniss im eigentlichen Sinne ausführlich darlegt und begründet. Und als **Zeuge für die von Gott verordnete Weltherrschaft Roms tritt hier neben Virgil, Lucan und dem Evangelisten Lucas auch Boetius auf.**[42])

---

[40]) Purgartario, VI, 91—105.

[41]) Die drei Sendschreiben Dantes, auf welche oben Beziehung genommen ist, an die Fürsten und Völker Italiens, an die Florentiner („Dantes Allagherius Florentinus et exul immeritus, scelestissimis Florentinis intrinsecis") und an den Kaiser, oder genauer: den König Heinrich, denn die Kaiserkrone erhielt er erst im Jahre nachher, stehen in Fraticellis Ausgabe der Opere minori Dantes im 3. Bande, S. 440 ff.; 450 ff.; 464 ff.

[42]) De Monarchia; II, §. 9: „Et Boetius in secundo, cum de Romanorum principe loqueretur, sic inquit:
    Hic tamen sceptro populos regebat,
    Quos videt condens radios sub undas
    Phoebus extremo veniens ab ortu,
    Quos premunt septem gelidi Triones,
    Quos Notus sicco violentus aestu
    Torret ardentes recoquens arenas."
Die von Dante angezogene Stelle aus dem 2. Buch der Consolatio findet sich dort

Als aber Heinrich im Sommer 1313 den aufregenden Anstrengungen seines Unternehmens und dem Einflusse des Klimas unterlag, da verlor Dante mit ihm auch die Hoffnung auf die sofortige Verwirklichung seines politischen Ideals. Er gibt dieses darum nicht auf, sondern fährt fort, während er als Gast an den Höfen gesinnungsverwandter italienischer Fürsten weilt, den Glauben daran zu befestigen. Hat doch Gott selbst zu dem verstorbenen Kaiser und seinem Streben sich bekannt und ihn zu andern gerechten und begnadigten Herrschern, ja über sie, in die seligen Räume des Paradieses erhoben.[43]) Aber am liebsten verweilt jetzt Dante bei der Betrachtung der ewigen Ordnung dieses himmlischen Reiches, an welche die Verwirrung menschlicher Ungerechtigkeit nicht hinanreicht, und von welcher jedes gerechte menschliche Regiment sein Gesetz empfängt. Er ist bei dem Troste angekommen, mit welchem Boetius in seinen Leiden sich aufgerichtet hat, und auf dessen Grundlage schon die Schrift De monarchia mit Worten der Consolatio hingewiesen hat:

> O felix hominum genus,
> Si vestros animos amor,
> Quo coelum regitur, regat![44])

Seit dem ungerechten und grausamen Urtheil, welches sein Lebens-

---

im 6. Metrum V. 9—13, wo die Philosophie eine Rede, in welcher sie das Glücksgut äusserer Macht als werthlos dargestellt hat, mit Berufung auf das Beispiel Nero's schliesst, der bei all seiner Macht ein verabscheuungswerther Wüthrich geblieben sei. Dante aber benutzt die Schilderung dieser Macht als ein Zeugniss für das göttliche Recht Roms zur Weltherrschaft und kommt zu dem Schluss: „Ex quibus omnibus manifestum est, quod Romanus populus cunctis athletizantibus pro imperio mundi praevaluit. Ergo de divino iudicio praevaluit: per consequens de divino iudicio obtinuit, quod est de iure obtinuisse."

[43]) Paradiso, XXX, 133—138.

[44]) Vgl. Consolatio, philos. II, metr. 8, V. 28—30 und De Monarchia, I, §. 11. Dante begründet hier den Satz, dass die Monarchie, bestimmter das Kaiserthum, das vollkommste und beste Regiment sei: „... optime se habet humanum genus, cum vestigia coeli, quantum propria natura permittit, imitatur. Et cum coelum totum unico motu, scilicet primi mobilis, et unico motore, qui Deus est, reguletur in omnibus suis partibus, motibus et motoribus, ut philosophando evidentissime humana ratio deprehendit; si vere syllogizatum est, humanum genus tunc optime se habet, quando ab unico principe, tamquam ab unico motore, et unica lege, tamquam ab unico motu, in suis motoribus et motibus reguletur. Propter quod necessarium apparet, ad bene esse mundi monarchiam esse, sive unum principatum, qui imperium appellatur. Hanc rationem suspirabat Boetius dicens: O felix hominum genus cet."

glück zerstört hatte, musste sich Dante durch die Aehnlichkeit seines Schicksals mit dem des Verfassers der Consolatio mit erneuter und erhöhter Theilnahme zu diesem hingezogen fühlen, und jetzt erst wurde ~~Dante~~ im vollen Masse „ein Lieblingsschriftsteller Dante's."[45]) Von der eingehenden Beschäftigung und innigen Vertrautheit mit Boetius und insbesondere mit dessen Trostschrift zeugen denn auch die beiden Hauptwerke, welche Dante verfasst hat, nachdem er die Mittagshöhe des menschlichen Lebens überschritten hatte und nun in der Bedrängniss seines wechselvollen äusseren Lebens eines festen inneren Haltes sich zu versichern suchte, das Convito und die Divina Commedia; beide aber auf verschiedene Weise. Abgesehen nämlich von dem formellen Unterschiede, dass ausdrückliche Citate, wie sie dort die Prosa der philosophischen Abhandlung gestattet, hier durch den höheren Stiel der Poesie ausgeschlossen sind, wird Boetius in einem jeden der beiden Werke nach einer anderen Richtung seiner Lehre vorzugsweise benutzt. Im Convito kommt der wesentlich auf Aristoteles fussende Ethiker zu Wort, wogegen auf die Commedia jenes höchste philosophische Streben Einfluss übt, welches Boetius von Plato und den Neuplatonikern ererbt hat, welches auch von den christlichen Gedanken nicht unberührt geblieben ist, und in welchem die über die Nichtigkeit des Irdischen zur Gemeinschaft mit Gott als dem einzig wahren Gut sich erhebende Speculation mit der Mystik sich berührt.

Es ist hier nicht der Ort, die vielbesprochene und dadurch nur um so verwickelter gewordene Frage zu erörtern, ob die Canzonen, an welche Dante die philosophischen Ausführungen in seinem Gastmahl anknüpft, ursprünglich wirkliche Minnelieder gewesen sind, wofür der Augenschein spricht, oder ob die Dame, welche sie feiern, von Anfang an als eine Allegorie der Philosophie gedacht war, wie es der Dichter in den jene Lieder commentierenden philosophischen Tractaten darstellt, und ob die Grundanschauung des Convito der der Commedia entgegengesetzt ist, oder mit ihr übereinstimmt.[46]) Uns genügt die Thatsache zu constatieren, dass

---

[45]) Philalethes zu Paradiso, X, 128.
[46]) Für die erstere Ansicht: Witte, Dantes Trilogie (in den Danteforschungen S. 141—182); Delffs, Ueber das Verhältniss des „Gastmahls" zu der „Göttlichen Komödie" (Jahrbuch der Dante-Gesellschaft, III, S. 59—78); auch Rieger, a. a. O. S. 36 ff. — Für die letztere: Ruth, Studien über Dante. Tübingen. 1853, S. 43 ff.; S. 229 ff.; Wegele. Dante Alighieris Leben und Werke, 2. Aufl. Jena. 1865. S. 92 ff. u. 181 ff.; Schündelen, a. a. O.

Methode und Ton in beiden grundverschieden sind. Während dort der Verstand, nicht selten mit haarspaltendem Scharfsinn und spitzfindiger Argumentation, das Wort allein führt, waltet hier eine dichterische Begeisterung von solcher Macht, dass sie auch die trocken lehrhaften Elemente, an welchen es auch in der Commedia nicht fehlt, sich dienstbar macht, und diese den harmonischen Eindruck des gewaltigen Ganzen nicht stören dürfen. Und wenn einer der Hauptreize der Göttlichen Commedie in jener wundersamen gegenseitigen Durchdringung der irdischen und der himmlischen Beatrice liegt, in welcher die Jugendgeliebte dem Dichter zum Inbegriff der den Menschen zum Ewigen erhebenden Kräfte wird, und wiederum, wenn er sie als die Personification der göttlichen Wahrheit und Gnade, der Theologie im höchsten Sinne, reden lässt, dieses mit einem innern Erzittern der von der „grossen Macht der alten Liebe" ergriffenen Seele geschieht; so werden dagegen im Convito die voranstehenden Canzonen erst durch die nachfolgende prosaische Auslegung — oder Unterlegung — allegorisch gedeutet. Allerdings liegt auch den Ausführungen des Convito jene namentlich durch Boetius vertretene Auffassung der Philosophie zu Grunde, als eines nicht blos intellectuellen, sondern wesentlich ethischen Verhaltens, welches, der religiösen Gesinnung nahe verwandt, nach der Verbindung mit Gott als dem Inbegriff aller Wahrheit und alles wahren Lebens trachtet.[47]) Aber jene Ausführungen selbst sind durchaus im Tone verständiger Reflexion gehalten und verrathen nichts von der Begeisterung, deren jene Auffassung fähig ist, ja sie lassen unter dem complicierten Apparat der dialektischen Methode das hohe Ziel, zu welchem diese hinführen soll, aus den Augen verschwinden. Man sieht: in der Zeit, da Dante mit der Abfassung dieses Werkes beschäftigt war (1308), hatte er durch die zerstreuenden Wechsel seines Exulantenlebens und insbesondere durch die aufregende Theilnahme an wiederholten und immer misslungenen Versuchen, die Regierung von Florenz zu stürzen,

---

[47]) Am bündigsten ist dieser Begriff der Philosphie in des Boetius 1. Dialog zum Porphyrius (S. 10 f. der Migne'schen Ausg.) ausgesprochen: „Est enim philosophia amor et studium et amicitia quodammodo sapientiae, sapientiae vero non huius, quae in artibus quibusdam et in aliqua fabrili scientia notitiaque versatur, sed illius sapientiae, quae nullius indigens, vivax mens et sola rerum primaeva ratio est. Est autem hic amor sapientiae intelligentis animi ab illa pura sapientia illuminatio et quodammodo ad seipsam retractio atque advocatio, ut videatur studium aeque sapientiae studium divinitatis et purae mentis illius amicitia."

wodurch er zugleich die Rückkehr in die geliebte Vaterstadt zu erzwingen gedachte, die harmonische Stimmung, die Fassung und Erhebung des Gemüthes verloren, in welcher er sein grosses Gedicht begonnen und fortgesetzt hatte. Er liess es liegen und wählte eine Form des Gedankenausdrucks, die sich eher commandieren lässt, als die Poesie. Wir aber werden es nicht beklagen, dass er anstatt 14 nur 3 seiner Canzonen in jener Form behandelt hat, indem bald durch den Römerzug Heinrichs seine kühnsten Hoffnungen wieder neubelebt wurden, und nachdem sie zernichtet waren, er einen kräftigeren Trost, als ihn die Beschäftigung mit philosophischen Begriffen und künstlichen Syllogismen gewähren konnte, wieder bei jener Beatrice suchte, die ihn einst aus dem dunkeln Walde des Irrsals zu der sonnigen Höhe des wahren Lebens berufen hatte und ihn von nun an, bis er, fast gleichzeitig mit seiner irdischen Laufbahn, auch das Hauptwerk seines Lebens beendet hatte, auf ihrem lichten Pfade von einer Klarheit zur anderen emporleitete. Und wir begreifen, wie er von der so wiedergewonnenen Höhe seiner Lebensanschauung herab auch die einseitige Vertiefung in philosophische Speculationen, von welcher das Convito zeugt, zu jenen Verirrungen rechnen konnte, welche ihn von dem rechten Wege abgeführt hatten; denn wenn der Mensch Alles mit seiner natürlichen Vernunft erreichen könnte, so hätte es der höchsten Offenbarung der Wahrheit und Gnade Gottes nicht bedurft.[45])

Gehen wir nun dem Einflusse nach, welchen Boetius auf das Convito

---

[45]) Auch Schündelen gesteht den relativen Gegensatz zwischen den Convito und der Commedia zu, a. a. S. 51 f.: „Eine ganz andere Frage ist es, ob er nicht vorübergehend griechische, römische, arabische Philosophen und Poeten einzeln und im Ganzen viel zu hoch geschätzt, ihre Regeln, Tugendlehren und Tugendübungen viel zu günstig beurtheilt, d. h. mehr Annäherung aus Christenthum und Verbreitung auf dasselbe in ihnen gefunden habe, als wir darin zu finden geneigt sind. Und da muss ich gestehen, ich bedauere es nicht, dass der Verfasser sein Gastmahl mit dem vierten Gange abgebrochen und nicht, wie er in Aussicht gestellt, bis zum vierzehnten oder fünfzehnten fortgesetzt hat. Er ist eben auch als Philosoph doch zu sehr noch derselbe Poet, der die Vita nuova geschrieben hat. Zur vollen Klärung der gährenden Elemente, zu einer rechten Scheidung und Einigung von Göttlichem und Menschlichem sehen wir ihn erst in der Div. Comm. gelangt." — Abgesehen von den Hauptbelegen der letzteren für das energische Sündenbewusstsein Dantes überhaupt, Purg. XXX, 115—145 u. XXXI, 1—90, ist es insbesondere die Stelle Purg. XXXIII 85—90, welche am natürlichsten auf das in den Speculationen des Convito bewiesene einseitige Vertrauen auf die Philosophie bezogen wird:

geübt hat, so hatte schon der Wechsel zwischen poetischen und prosaischen Abschnitten, welcher diesem Werke mit der Vita nuova gemeinsam ist, an der Consolatio philosophiae ein Vorbild, wenn auch das Verhältniss der beiderseitigen Abschnitte zu einander hier und dort ein verschiedenes ist; denn während bei Boetius die Gedanken der vorausgegangenen Dichtung durch die nachfolgende Prosa fortgeleitet, oder die Hauptgedanken dieser durch die sich anschliessenden Verse bündig und anschaulich zusammengefasst werden, lässt Dante auf seine Gedichte nur einen prosaischen Commentar folgen. Auch für die Art, wie er die gentilissima donna seiner Canzonen als eine Allegorie darstellt, hatte er, wie wir bereits gesehen haben, in der Personification, nach welcher die Philosophie in der Consolatio als eine hohe Frau auftritt, eine Anregung und einen Anhalt gefunden. Im Einzelnen aber beruft er sich gleich im Anfange des Convito auf das Beispiel des Boetius, um zu entschuldigen, dass er von sich selbst rede. Ein Urtheil über sich selbst abzugeben, sei dann erlaubt und pflichtmässig, wenn es das einzige Mittel sei, um einer grossen Gefahr oder Schande zu entgehen. Wie darum Boetius seine Consolatio geschrieben habe, um seine Unschuld und die Ungerechtigkeit seiner Verdammung nachzuweisen, so rede auch er von sich, damit die Leidenschaft, welche in seinen Canzonen sich auszusprechen scheine, nicht unrichtig gedeutet werde.[49]) Weiterhin gibt er vom 5. bis zum abschliessenden 13. Capitel

        Perchè conosca, disse (Beatrice), quella scuola,
          C'hai seguitata, e veggia sua dottrina
          Come può seguitar la mia-parola;
        E veggia vostra via dalla divina
          Distar cotanto, quanto si discorda
          Da terra 'l ciel che più alto festina.
Und schon III, 34—39 hiess es:
        Matto è chi spera che nostra ragione
          Possa trascorre l'infinita via,
          Che tiene una sustanzia in tre persone.
    State contenti, umana gente, al quia:
          Chè se potuto aveste veder tutto,
          Mestier non era partorir Maria.

[49]) Convito I, 2: „Questa necessità mosse Boezio di sè medesimo a parlare; acciochè sotto pretesto di consolazione scusasse la perpetuale infamia del suo esilio, mostrando quello essere ingiusto; poichè altro scusatore non si levava."

des 1. Tractats eine höchst interessante Beweisführung dafür, dass es nicht Knauserei, sondern wahre Freigebigkeit sei, wenn er sein philosophisches Gastmahl nicht in lateinischer Sprache, sondern in der seines Volkes auftische. Wenn er da schliesslich, „zur ewigen Scham und Schande der schlechten Italiener, welche eine fremde Volkssprache empfehlen und die eigene herabsetzen," als den ersten von fünf Gründen dieser Verkehrtheit die Blindheit des Urtheils der Menge anführt; so fällt ihm wieder ein Wort seines Boetius ein, worin dieser die Volksgunst als absolut werthlos darstellt, weil sie eben auf keinem klaren Urtheil beruhe.[50]) Im 2. Tractat werden zuerst nur Belegstellen für einzelne Gedanken aus der Consolatio hergenommen, so der Satz, dass der Mensch, welcher von seiner Bestimmung zur Gemeinschaft mit Gott abfalle, eigentlich zum Thier werde, zur Bestätigung des Gedankens, dass jedes Ding nach seiner wesentlichen Eigenthümlichkeit genannt werden müsse, der Mensch also nach der Vernunft, als dem ihn auszeichnenden Organ zur Herstellung jener Gemeinschaft;[51]) und dann die Bemerkung über den verwirrenden Einfluss plötzlicher Veränderungen zur Begründung der Erfahrung von der die Seele lähmenden Kraft des Missgeschicks.[52]) Im 13. Capitel aber folgt die bereits erwähnte Erzählung von der Art und Weise, wie Dante durch die Consolatio für den Verlust der verstorbenen Geliebten bei seiner neuen Herrin, der Philosophie, Trost gefunden hat. Und nachdem er im Schlusscapitel dieses Tractats noch einmal darauf zurückgekommen ist, rechtfertigt er gleich am Anfange des nächsten, sein Unternehmen, von der Geliebten zu reden, wieder unter Berufung auf Boetius, mit der Vorsicht, welche ihm gebiete, ungerechten Tadel über

---

[50]) Convito, I, 2: „Onde Boezio giudica la popolare gloria vana perchè la vede sanza discrezione." — Consolatio philos. III, prosa 6, lin. 16 ff. (bei Peiper): „Popularem gratiam ne commemoratione quidem dignam puto, quae nec iudicio provenit nec umquam firma perdurat."

[51]) Convito, II, 8: „Chi dalla ragione si parte e usa pur la parte sensitiva, non vive uomo, ma vive bestia; siccome dice quello eccelentissimo Boezio, asino vive." — Consolatio, IV, pros. 3, lin. 60 ff.: „Segnis ac stupidus torpit? asinum vivit." In Kannegiessers Uebersetzung des Convito ist aus der Nichtberücksichtigung des lateinischen Grundtextes des Citates die drollige Uebersetzung hervorgegangen: „Sowie jener treffliche Boetius sagt: „Der Esel lebt.""

[52]) Convito, II, 11: „E qui è da notare che, siccome dice Boezio nella sua consolazione, ogni subito movimento di cose non avviene sanza alcuno discorrimento d'animo." — Consolatio, II, pros. 1, lin. 15 f.: „Omnis subita mutatio rerum non sine quodam quasi flucta contingit animorum."

leichtsinnigen Abfall von seiner ersten Liebe zu begegnen.[53]) Im 2. Capitel wird der Satz, dass der Geist oder das Denkvermögen nur von Gott und von dem Menschen prädiciert werden könne, mit zwei Stellen der Consolatio bewiesen.[54]) Der vierte und letzte Tractat endlich findet für seine ausführliche Darlegung der Hinfälligkeit und Verderblichkeit des Reichthums und der Hassenswürdigkeit des Geizes (Cap. 10—13) im 2. Buche jener Trostschrift besonders zahlreiche Belege.[55]) Und noch die letzten Gedanken, welche Dante im Convito niedergelegt hat, dass die Philosophie nicht bloss bei den Wissenden, sondern da, wo man sie liebt, wohnt, dass sie Seelenadel voraussetzt und diesem das Allergeheimste des göttlichen Geistes aufschliesst, erinnern an jene Philosophie, welche den gefangenen Boetius zum Troste erschienen ist.

---

[53]) Convito, III, 1: „Siccome dice Boezio, non basta di guardare pur quello ch'è dinanzi agli occhi, cioè il presente; e però n'è data la providenza che riguarda a quello che può avvenire." — Consolatio, II, pros. 1, lin. 43 ff.: „Neque enim quod ante oculos situm est, suffecerit intueri: rerum exitus prudentia metitur.

[54]) Convito, III, 2: „Solamente dell'uomo e delle divine sustanze questa mente si predica, siccome per Boezio si può apertamente vedere, che prima la predica degli uomini ove dice a la Filosofia: „Tu e Dio, che te nella mente degli uomini mise;" poi la predica di Dio, quando dice a Dio: „Tutte le cose produci dal superno esemplo tu bellissimo, bello mondo nella mente portante."" — Consolatio, I, pros. 4, lin. 24 f: „Tu mihi et qui te sapientium mentibus inseruit deus conscii." Ib. III, metr. 9, V. 7 ff.:
> Tu cuncta superno
> Ducis ab exemplo, pulcrum pulcerrimus ipse
> Mundum mente gerens.

[55]) Convito, IV, 12: „E per questo le (richezze) chiama Boezio in quello di Consolazione pericolose, dicendo: „Oimè! Chi fu quel primo che li pesi dell'oro coperto e le pietre che si voleano ascondere, preziosi pericoli cavò."" Und bald darauf: „E a maggior testimonianza di questa imperfezione ecco Boezio in quello della Consolazione dicente: „Se quanta rena volge lo mare turbato dal vento, se quante stelle relucono, la Dea della richezza largisca, l'umana generazione non cesserà di piangere."" Dann im 13. Cap.: „E però dice il Savio: „Se voto camminatore entrasse nel cammino, dinanzi a' ladroni canterebbe." Ferner: „E però Boezio nel secondo della sua Consolazione dice: „Per certo l'avarizia fa li uomini odiosi."" Und endlich: „Onde Boezio nel medisimo libro dice: „Allora è buona la pecunia, quando, trasmutata negli altri per uso di larghezza più non si possiede." — Die entsprechenden Stellen der Consolatio sind II, metr. 5, V. 27—30:

Obwohl in der Commedia Boetius nirgends mit Namen genannt wird, so begegnet man doch überall in ihr Spuren seiner Einwirkung auf den Dichter. Nur an der einen Stelle Paradiso, X, 121—129[56]) wird Boetius auf unzweifelhafte Weise direct erwähnt. Dante hat sich unter Beatricens Führung bis zur Sphäre des Sonnenhimmels erhoben. Hier umgibt ihn eine Krone von zwölf Sternen, welche die Seelen von grossen Kirchenlehrern einschliessen. Der Bewohner eines von ihnen, Thomas von Aquino, nennt sich dem Dichter selbst und macht ihn mit den übrigen bekannt. Dem Aquinaten zur Rechten reiht sich zuerst sein Lehrer, Albert der Grosse, an; dann folgen Gratian, Peter der Lombarde, Salomo, Dionysius der Areopagit, Orosius, Boetius, Isidor, Beda, Richard von St. Victor, bis der Dialektiker Siger von Brabant, an Thomas zur Linken sich anreihend, den Kreis schliesst. Wie Salomo, Dionysius und Orosius, wird auch Boetius nicht mit Namen genannt; aber er ist deutlich genug bezeichnet als die

---

Heu primus quis fuit ille
Auri qui pondera tecti
Gemmasque latere volentes
Pretiosa pericula fodit?

II, metr. 2, V. 1—8:

Si quantas rapidis flatibus incitus
   Pontus versat arenas,
Aut quot stelliferis edita noctibus
   Coelo sidera fulgent,
Tantas fundat opes nec retrahat manum
   Pleno Copia cornu,
Humanum miseras haud ideo genus
   Cesset flere querellas.

II, pros. 5. lin. 96 ff.: „Si vitae huius callem vacuus viator intrasses, coram latrone cantares." Ib. lin. 9 f.: „Si quidem avaritia semper odiosos, claros largitas facit." Ib. lin. 11 ff.: „Tunc est pretiosa pecunia, cum translata in alios largiendi usu desinit possideri."

[56])

Or se tu l'occhio della mente trani
   Di luce in luce, dietro alle mie lode,
   Già dell' ottava con sete rimani.
Per veder ogni ben dentro vi gode
   L'anima santa, che'l mondo fallace
   Fa manifesto a chi di lei ben ode.
Lo corpo, ond'ella fu cacciata, giace
   Giuso in Cieldauro; ed essa da martiro
   E da esilio venne a questa pace.

heilige Seele, welche dem, der auf sie hört, die falsche Welt bekannt macht, und welche aus Marter und Verbannung zum ewigen Frieden eingegangen ist, während der Leib, aus dem sie gewaltsam vertrieben wurde, im Cield'auro begraben liegt, d. h. in jener Kirche zu Pavia, in welcher die Gebeine des Boetius von dem „ager Calventianus" herübergebracht worden-waren.[57]) Boetius weilt also nicht mit den Helden, Dichtern und Weisen des Heidenthums im ersten Kreise des Inferno, wo jene nicht unter positiver Strafe, sondern nur unter der Entbehrung des von ihnen ersehnten wahren Heiles leiden[58]): er ist unter die Zahl ausgezeichneter Lehrer der christlichen Kirche in das Paradies aufgenommen. Dante steht eben innerhalb jener Tradition, durch welche Boetius um der Verbindung seines Schicksals mit dem des Papstes Johannes und um des grossen Dienstes willen, den er durch seine Schriften der Theologie leistete, längst zu einem Märtyrer der christlichen Orthodoxie geworden war. Auch an der im ganzen Mittelalter nicht bestrittenen Aechtheit der dem Boetius zugeschriebenen theologischen Abhandlungen, in welchen die Lehren von der Trinität und von dem Verhältniss der beiden Naturen in Christus dialektisch begründet werden, hat Dante ohne Zweifel festgehalten.[59]) Eine

---

[57]) Vgl. Biraghi, a. a. O., S. 62 ff., wo unter einem Schwall von haltlosen Ueberschwenglichkeiten doch auch die bezüglichen positiven Angaben zu finden sind.

[58]) Inferno, IV, v. 31—42.

[59]) Dass Boetius, schon durch die Taufe, ein Mitglied der römischen Kirche gewesen sei, ist nach der Umgebung, nach den Verhältnissen und nach den persönlichen Verbindungen, in welchen er lebte, mit Bestimmtheit vorauszusetzen, und wird jetzt von Niemand mehr geleugnet, der jene Umstände gehörig in Erwägung zieht; neuerdings hat es G. Bosisio (Sul Cattolicismo di A. M. T. S. Boezio. Pavia. 1867) insbesondere durch Berufung auf die intimen Beziehungen der Anicier zu Christenthum und Kirche näher zu begründen versucht. Ebenso gewiss ist, dass er im Angesichte des Todes seinen Trost nicht in eigenthümlich christlichen Lehren, sondern bei der Philosophie gesucht hat. Und diese beiden Thatsachen stehen in der damaligen Zeit eben so wenig unvereinbar neben einander, als es heut zu Tage der Fall sein würde. Schwieriger ist die Frage zu entscheiden, ob die ihm zugeschriebenen theologischen Schriften wirklich von ihm verfasst sind. Veranlasst durch das etwas summarische Urtheil von Hand, dass Boetius ein Heide gewesen und die Unächtheit dieser erst von dem 12. Jahrhundert an bezeugten Schriften ausser Zweifel sei, habe ich früher die inneren und äusseren Gründe zusammengestellt, welche sich für ihre Aechtheit anführen lassen, ohne dass ich selbst von derselben völlig überzeugt gewesen wäre. Dass aber auch durch die gründliche Untersuchung, mit welcher F. Nitzsch die entgegengesetzte Ueberzeugung zu begründen unternommen hat, der Process noch nicht entschieden

bestimmte Bezugnahme auf diese wüsste ich indessen in der Commedia nicht nachzuweisen; vielmehr erweist sich auch hier wieder die Consolatio philosophiae als die Schrift des Boetius, von welcher der Dichter Anregung und Belehrung empfangen hat; und somit freilich von einer Philosophie, welche nicht in theoretische Lehren und Schlussfolgerungen aufgeht, sondern zugleich in der Erhebung über das Vergängliche und in der Vereinigung mit dem weisen, gerechten und gütigen Gott das wahre Ziel der menschlichen Bestimmung erkennt und dadurch mit dem Christenthum und mit der Theologie in jenem Sinne verwandt ist, in welchem sie Dante in der verklärten Beatrice personificiert hat. Der ganze Gang, welchen Dante in der Commedia nimmt, ist im Grossen und Ganzen in der Consolatio vorgezeichnet. Auch den Verfasser dieser Schrift finden wir zu Anfange in einem Zustande geistiger Verirrung und tiefer Niedergeschlagenheit. Zunächst versinkt er in der Erinnerung an sein früheres Glück und im Gedanken an die Ungerechtigkeit und Bosheit, welche ihn dessen beraubt hat, noch tiefer in die Hölle seiner Seelenqual. Dann aber beginnt die Philosophie das Werk der Heilung. Sie läutert zuerst seine Seele von dem Gelüste nach vergänglichen Gütern und zeigt ihm, dass Gott das einzig wahre Gut ist, in dessen Besitz allein das wahre Glück besteht, und ohne welches auch der Reichste, Geehrteste und Mächtigste zeitlich und ewig unglücklich ist.[60]) Und so führt sie ihn endlich zu der Höhe

---

ist, beweist schon der Umstand, dass der neueste Herausgeber der Consolatio, der gewiss ausserhalb des Verdachtes theologischer Voreingenommenheit steht, wenigstens drei von jenen vier Schriften dem Boetius glaubt zuschreiben zu müssen. Die Philosophie der Consolatio steht dem Christenthum nahe genug, um eine Beschäftigung des Verfassers mit theologischen Fragen denkbar zu machen, und andererseits ist die dialektische Methode in jenen theologischen Abhandlungen äusserlich genug, um sich mit einem solchen philosophischen Standpunkte zu vertragen; mit welcher Unbefangenheit aber bis in das späte Mittelalter hinein Elemente der antiken Philosophie und Poesie mit specifisch christlichen Dogmen verbunden wurden, dafür ist gerade Dante das sprechendste Beispiel. Meines Bedünkens müssen die Gründe für die Entscheidung des fraglichen Streites noch in höherem Grade, als es bisher geschehen ist, in der Vergleichung der Sprache jener theologischen Schriften mit der Sprache der Bücher, welche dem Boetius unzweifelhaft angehören, gesucht werden.

[60]) Consolatio, IV, pros. 4, lin. 71 ff: „Nullam animarum supplicia post defunctum morte corpus relinquis? Et magna quidem, inquit (Philosophia), quorum alia poenali acerbitate, alia vero purgatoria clementia exerceri puto" — eine Stelle, an welche die Art, wie Dante zwischen den Strafen im Inferno und den Bussen im Purgatorio unterscheidet, öfter erinnert.

der Betrachtung empor, von welcher aus er, von der verwirrenden Mannigfaltigkeit und Unsicherheit menschlicher Schicksale nicht mehr bedrängt, in die ruhigen Tiefen der göttlichen Vorsehung hineinsehen kann, welche nach unwandelbaren Gesetzen Alles gerecht und wohl verwaltet. Dass aber diese Parallelisierung der Consolatio und der Commedia keine willkürliche ist, beweist Dante selbst. Sein Dedicationsbrief zum Paradiso an Can Grande della Scala bezeugt, dass ihm bei seinem eigenen Werke das des Boetius vorschwebte. Und wenn er am Schlusse dieses Schreibens bemerkt, dass mit der Erhebung der Seele zum Schauen Gottes seine Dichtung zum nothwendigen Ende gekommen sei, so beruft er sich ausdrücklich auf das Wort des Boetius: „Te cernere finis!" — ein Wort aus dem Gedicht, welches, wie die räumliche Mitte, so den eigentlichen Kern und die Perle der Consolatio bildet, und an welches in der Commedia besonders häufige Anklänge sich finden.[61]) Und abgesehen von dem verwandten Inhalt beider Werke hat auch die Einkleidungsform des einen auf die des andern unverkennbar eingewirkt. Die verklärte Geliebte als seine Retterin und zuerst mittelbare und dann unmittelbare Führerin durch die Reiche des Jenseits darzustellen, ist Dante durch die Art erleichtert worden, wie bei Boetius die Philosophie ihr Trostamt verwaltet. Insbe-

---

[61]) Bei Fraticelli, Opere minori, III, S. 536: „. . vera illa beatitudo in sentiendo veritatis principium consistit, ut patet per Johannem ibi: „Haec est vera beatitudo, ut cognoscant te Deum verum etc." et per Boetium in tertio de Consolatione ibi: „Te cernere finis." Et quia invento principio seu primo, videlicet Deo, nihil est, quod ulterius quaeratur; in ipso Deu terminatur tractatus, qui est benedictus in saecula saeculorum." Auch für die scholastische Entwickelung der Absicht und Art seines Gedichtes, welche Dante in diesem merkwürdigen Briefe gibt, hat er die Momente zum Theil unmittelbar von Boetius entlehnt. Wie dieser gleich im Anfange seines ersten Dialogs zum Porphyrius sagt: „Sex omnino, inquam, magistri in omni expositione praelibant. Praedocent enim, quae sit cuiuscunque operis intentio, quod apud illos σκόπος vocatur. Secundum quae utilitas, quod a Graecis χρήσιμον appellatur. Tertium qui ordo, quod Graeci vocant τάξιν. Quartum, si eius cuius esse opus dicitur germanus propriusque liber est, quod γνήσιον interpretari solet. Quintum, quae sit eius operis inscriptio, quod ἐπιγραφὴν Graeci nominant Sextum est, id dicere ad quam partem philosophiae cuiuscunque libri ducatur intentio, quod Graeca oratione dicitur εἰς ποῖον μέρος φιλοσοφίας ἀνάγεται;" so Dante (a. a. O. §. 6): „Sex igitur sunt, quae in principio cuiusque doctrinalis operis inquirenda sunt, videlicet subjectum, agens, forma, finis, libri titulus et genus philosophiae." Vergl. die angeführte Abhandlung in den Historisch-politischen Blättern, LVII, S. 119 ff.

sondere hat ihm das 1. Gedicht des 4. Buchs der Consolatio, in welchem die Philosophie von sich sagt:

> Sunt enim pinnae volucres mihi,
> Quae celsa conscendant poli,

zahlreiche Motive für die Darstellung der Erscheinung und des Wirkens seiner Führerin im Paradiso gegeben.

Verfolgen wir, ohne auf Vollständigkeit irgend Anspruch zu machen, die Anklänge der Commedia an die Trostschrift des Boetius etwas im Einzelnen, wie sie eben beim Lesen sich darbieten, so weisen gleich im 1. Canto des Inferno die drei Thiere, welche den Weg des verirrten Dichters hemmen, der stolze und grimmige Löwe, der geschmeidige und lüsterne Panther und die gierige Wölfin, wie auf eine Stelle bei dem Propheten Jeremia (5, 6), so auf die Consolatio zurück.[62] In dieser heisst es (IV, pros. 3, lin. 54 ff.): „Avaritia fervet alienarum opum violentus ereptor: lupi similem dixeris     Irae intemperans fremit: leonis animum gestare credatur     Levis atque inconstans studia permutat: nihil avibus differt. Foedis immundisque libidinibus immergitur: sordidae suis voluptate detinetur." Die Eigenschaften der Vögel und des Schweines hat Dante in den Panther zusammengefasst, um diesen, nach Jeremias Vorgange, als passenderen Genossen dem Löwen und der Wölfin zuzugesellen. Wenn dann der zur Führung des Verirrten berufene Virgil dem vor dem Gange in die Hölle Zagenden sagt (Inf. II, 43 ff.): „Se io ho ben la tua parola intesa, l'anima tua è da viltate offesa," so ist das eine offenbare Reminiscenz an das: „Te, ut video, stupor oppressit," womit die Philosophie den von Schmerz betäubten Boetius anredet (I, pros. 2, lin. 6). Wie diese von dem Himmelspol sich hernieder gesenkt hat (Cons. I. pros. 3, lin. 7: „supero cardine delapsa"), so kommt auch Beatrice, die den Virgil ausgesandt, von den seligen Höhen, nach welchen sie zurückverlangt (Inf. II, 71: „Vengo di loco, ove tornar disio"), und beide, um ihrem Freunde in seiner Bedrängniss beizustehn;[63] und wie gleich bei der Erwähnung des ersten Erscheinens

---

[62] Vgl. Wegele, a. a. O., S. 411 f.

[63] Consolatio, I, pros. 3, lin. 9 ff.: „An, inquit illa, te alumne desererem ....? Atqui Philosophiae fas non erat incomitatum relinquere iter innocentis." Und damit vergleiche man die Worte, mit welchen Lucia Beatrice auffordert, ihrem verirrten Freunde zu helfen (Inf. II, 103 ff.):

und Scheidens Beatricens besonders ihrer leuchtenden Augen gedacht wird, von deren in das innerste Herz hineindringendem Strahl Dante im weiteren Verlaufe so gerne und immer mit besonderer Innigkeit redet, so hat auch Boetius an seiner Trösterin Aehnliches zu rühmen.[64]) Nachdem dann Dante in den zweiten Höllenkreis eingetreten ist und an Francesca von Rimini die Frage gerichtet hat, wie sie und Paolo ihrer unseligen Leidenschaft sich bewusst geworden seien; da antwortet sie ihm, dass es keinen grösseren Schmerz gebe, als im Unglück an die glückliche Zeit sich zu erinnern, und das wisse sein Lehrer wohl.[65]) Kurz vorher hat er allerdings selbst Virgil seinen Lehrer genannt, und so könnte man etwa an das „Infandum regina iubes renovare dolorem" denken. Aber besser stimmt doch zu dem Gedanken das Wort des Boetius (Consolatio, II, pros. 4, lin. 4 ff.), auf welches schon Daniello aufmerksam gemacht hat: „Nam in omni adversitate fortunae infelicissimum est genus infortunii fuisse felicem;" und so wäre auch hier möglicherweise eine directe Bezugnahme auf Boetius vorhanden. Besonders deutlich tritt die Beziehung auf Lehren der Consolatio im 6. Canto hervor. Dante befindet sich in dem vierten Kreis der Hölle, wo die gestraft werden, welche ihr Herz an vergängliche Glücksgüter gehängt und von diesen einen falschen Gebrauch gemacht haben. Die Lehren, welche ihm hier Virgil über das Verhältniss der nach ewigem Gesetze waltenden göttlichen Vorsehung zu dem nach göttlicher Anordnung im Gebiete der endlichen Welt waltenden wechselnden Glück gibt und über das Unrecht, dieses um seiner Veränderlichkeit willen, die doch seine von Gott gewollte Natur ist, zu tadeln, stimmen ganz mit denjenigen überein, welche Boetius von der Philosophie über das Verhältniss zwischen Vor-

---

Beatrice, loda di Dio vera,
Chè non soccorri quei che t'amò tanto,
Ch' uscío per te della volgare schiera?

[64]) Von der sich ihm nahenden Beatrice sagt Virgil (Inf. II, 55): „Lucevan gli occhi suoi più che la Stella," und wieder von der scheidenden: „Gli occhi lucenti, lacrimando, volse." Aehnlich Boetius von der Philosophie (Consol. I, pros. 1, lin. 4 f. und pros. 2, lin. 2 f.): „Oculis ardentibus et ultra communem hominum valentiam perspicacibus" und „Tum vero totis in me intenta luminibus: Tune ille es, ait, qui cet."

[65]) Inferno, V, 121 ff.:
Ed ella a me: Nessun maggior dolore
Che ricordarsi del tempo felice
Nella miseria; e ciò sa' l tuo dottore.

sehung und Schicksal und über das Wesen des Glückes empfangen hat.⁶⁶)
Ja der vielbesprochene Ausruf, mit welchem der diesen Höllenkreis bewohnende Pluto die Eintretenden empfängt (Inf. VII, V. 1): „Pape Satan, pape Satan aleppe!" dürfte seine Form einer Einwirkung der Consolatio verdanken, indem hier die bei den Komikern übliche, bei den Schriftstellern der classischen Periode aber ausser Gebrauch gekommene Interjection „Pape" oder „Papae" öfter vorkommt, und zwar gerade auch zu Anfang der Erörterungen über die angeführten Lehren. Auch bei Schilderung der Giganten (Inf. XXXI, V. 20—33; 130—145), welche, den Absichten Gottes dienstbar, die unterste Höllenabtheilung bewachen müssen, wird Dante an das Wort der Philosophie (Consol. III, 12, lin. 64 ff.) gedacht haben: „Accepisti, inquit, in fabulis lacessentes coelum Gigantas; sed illos quoque, uti condignum fuit, benigna fortitudo disposuit." Auf dem Gange durch das **Purgatorio**, in welchem die bussfertigen Sünder sich freuen, durch die von der „purgatoria clementia" verhängten Bussen zur Seligkeit hinangeläutert zu werden, geleitet dann den Dichter der Satz der Consolatio (IV, pros. 4, lin. 63 ff.): „Multo igitur infeliciores improbi sunt iniusta impunitate donati quam iusta ultione puniti." Im Einzelnen schliesst sich was im 11. Canto von der Nichtigkeit des Ruhmes gesagt wird an Consolatio, III, pros. 6 an, welche mit den Worten beginnt: „Gloria autem quam fallax, saepe quam turpis est." Die bald nachher folgende Bezeichnung des Ruhmes als eines „popularis rumor" hat auf den Ausdruck der Hauptstelle bei Dante, derselben, welche Pio IX. im Jahr 1857 bei seinem Besuche in Ravenna in das Gedenkbuch bei dem Grabe des Dichters eingeschrieben hat (V. 100 ff.), offenbar eingewirkt:

    Non è il mondan romore altro ch'un fiato
        Di vento, ch'or vien quinci ed or vien quindi,
        E muta nome, perchè muta lato.

Die rührend sinnige Antwort, welche im 13. Canto, im Kreise, in welchem die Neidischen büssen, die Sanesin Sapia auf die Frage des Dichters gibt,

---

⁶⁶) Consolatio IV, pros. 6, lin. 24 ff.: Haec (divina mens) in suae simplicitatis arce composita multiplicem regendi modum statuit, qui modus cum in ipsa divinae intelligentiae puritate conspicitur, providentia nominatur; cum vero ad ea quae movet atque disponit refertur, fatum a veteribus appellatum est... Nam providentia est ipsa illa divina ratio in summo omnium principe constituta, quae cuncta disponit: fatum vero inhaerens rebus mobilibus dispositio, per quam providentia suis quaeque nectit ordinibus." Darnach **Inferno**, VII, 73 ff.:

ob Niemand aus Italien unter ihnen sei,[67]) erinnert an die Art, wie Boetius im 1. Gedichte des 4. Buchs (V. 25) den Himmel als das wahre Vaterland der Seele bezeichnet. Wenn im folgenden Gesange (V. 31—54) Dante die entarteten Toscaner, welche das Arnothal bewohnen, mit den von der Circe verwandelten Gefährten des Ulysses vergleicht und sie als Schweine, Hunde, Wölfe und Füchse näher kennzeichnet, so hat ihm dabei das 3. Gedicht des 4. Buches der Consolatio vorgeschwebt, aus welchem er auch den einzelnen Zug von der Eichelmast der Schweine sich angeeignet hat. Im 16. Canto, 75—78, und im 18., 67—69, sowie im 5. des Paradiso wird die Freiheit des Willens als der wesentlichste Vorzug der menschlichen Natur dargestellt, ganz wie es in der Consolatio, V, pros. 2 geschieht. Im Paradiso nun, in welchem Dante das von der Materie und der Sünde ungetrübte reine Wesen und Wirken der Gottheit nach

> Colui, lo cui saver tutto trascende,
> Fece li cieli e diè lor chi conduce,
> Sì ch'ogni parte ad ogni parte splende,
> Distribuendo egualmente la luce:
> Similimente agli splendori mondani
> Ordinò general ministra e duce,
> Che permutasse a tempo li ben vani
> Di gente in gente, e d'uno in altro sangue,
> Oltre la difension de' senni umani.

Ferner: Consolatio, II, pros. 1, lin. 26 ff.: „Tu fortunam putas erga te esse mutatam: erras. Hi semper eius mores sunt, ista natura. Servavit circa te propriam potius in ipsa sui mobilitate constantiam;" und im darauf folgenden Gedicht, V. 7 ff:

> Non illa miseros audit, aut curat fletus
> Ultroque gemitus, dura quos fecit, videt;
> Sic illa ludit, sic suas probat vires.

Und Inferno, VII, 88 ff.:

> Le sue permutazion non hanno triegue:
> Necessità la fa esser veloce;
> Sì spesso vien, chi vicenda consegue.
> Quest è colei, che tanto è posta in croce
> Pur da color, che le dorrian dar lode,
> Dandole biasmo a torto e mala voce.
> Ma ella s'e beata e ciò non ode.

[67]) V. 94 ff.:

> O fratel mio, ciascuna è cittadina
> D'una vera città; ma tu vuoi dire,
> Che vivesse in Italia peregrina.

seinen ewigen Gesetzen darzustellen hat, mehren sich der Natur der Sache nach die Beziehungen auf die Schrift, in welcher Boetius für seine durch die Wechsel des Erdenlebens erschütterte Seele durch Versenken' in jene Tiefen der Gottheit (mens profunda, III, metr. 9, V. 16) Ruhe gesucht hat. Besonderer Nachweisungen bedarf es hier kaum: zumal die grundlegenden ersten Gesänge ruhen durchaus auf den Anschauungen, welche die Consolatio verkündigt, hauptsächlich in ihrem 3. Buche, welches eigentlich das Princip jener Anschauungen darlegt und ihm in dem bereits hervorgehobenen 9. Gedicht in der Form eines Gebetes an die Gottheit den prägnantesten Ausdruck gibt: einige Verse dieses Gebetes hat Dante, wie Philalethes bemerkt, in den 2. Canto, 130—138, fast wörtlich aufgenommen. Wie Boetius, so erkennt Dante in der wesentlichen Liebe Gottes den Grund der Schöpfung der Welt und der Harmonie ihrer Sphären. [68]) In drei Abstufungen ist durch den einen Schöpfungsact die Welt in das Dasein gerufen, und in verschiedenem Grade spiegeln darin die Geschöpfe die Herrlichkeit des Schöpfers ab. [69]) Zwischen den reinen Geistern und den blossen Naturwesen in der Mitte steht der Mensch, in welchem Geist und Natur sich vermählt haben. [70]) Missbraucht er das kostbarste Gut seiner Willensfreiheit, um sich in den Dienst des Vergänglichen zu begeben, so fällt er von Gott ab und sinkt unter das Thier

---

[68]) Consolatio, III, metr. 9, V. 4—6; IV, metr. 6, V. 16 ff.; II, metr. 8, V. 13—15. Hier heisst es:
    Hanc rerum seriem ligat
    Terras ac pelagus regens
    Et caelo imperitans amor.
Damit vergleiche man, was Dante Parad. I, 73 von dem „Amor, che 'l ciel governa" sagt.
[69] Consolatio, III, metr. 9, V.13 f. und Parad. XXIX, 22—37; I, 1—3:
    La gloria di Colui, che tutto muove,
    Per l'universo penetra, e risplende
    In una parte più, e meno altrove.
[70]) Consolatio, I, pros. 6, lin. 33 f.; V, pros 4, lin. 103 f. Parad. XXIX, 31—37:
    Concreato fu ordine e costrutto
    Alle sustanzie, e quelle furon cima
    Nel mondo, in che pur atto fu prodotto.
    Pura potenzia tenne la parte ima,
    Nel mezzo strinse potenzia con atto
    Tal vime, che giammai non si divima.

herab.[71]) Aber das Bewusstsein seiner höheren Bestimmung und die Sehnsucht nach einem die Seele völlig befriedigenden Gute ist ihm angeboren, und dieses Gut ist nur in Gott selbst zu finden.[72]) Dass die Seele ihre Ruhe nur in Gott finden kann; dass sie, wie sie von ihm ausgegangen ist, zu ihm zurückkehren; dass sie darum die Lust und Angst des Irdischen von sich werfen muss, um, ohne zurückzuscheuen, dem hohen, seligen Ziela zuzustreben — das sind die leitenden Gedanken der Consolatio,[73]) wie es die des Paradiso sind. Auch im Kleinen fehlt es an verwandten Zügen nicht. Die Art, wie Dante die Ausgleichung zwischen der göttlichen Vorsehung und der menschlichen Freiheit herstellt, hat er von Boetius entlehnt: da Gott alles in ewiger Gegenwart schaut, so hat dieses Schauen auf das, was geschieht, eben so wenig einen Einfluss, als die Thätigkeit eines Wagenlenkers oder Steuermannes dadurch bestimmt wird, dass wir sie mit ansehen.[74]) Und wenn Dante von der höchsten Himmelssphäre auf die tief unten kreisende Erde nur mit einem mitleidigen Lächeln hinabsehen kann, so hat er dabei ohne Zweifel eine verwandte Stelle der Consolatio im Sinne gehabt.[75]) Aber die wesentliche Ueberein-

---

[71]) Consolatio, II, pros. 5, lin. 81 ff.; III. metr. 12. V. 35—41; V, pros. 2, lin. 12 ff. — Parad., VII, 35—41; XV, 147 f.

[72]) Consolatio, IV, metr. I, V. 23—26; metr. 6, V. 44—48; V, metr. 5, V. 9—15. Die eigentliche philosophische Begründung findet sich III, pros. 2, lin. 2 ff., wo von der allgemeinen Sehnsucht nach einem die Seele befriedigenden Gute die Rede ist, und pros. 10, lin. 22 ff., wo nachgewiesen wird, dass dieses Gut nur Gott selbst sein könne. — Parad. IV, 124—133; XXVII, 106—108.

[73]) Von der Ruhe in Gott spricht, abgesehen von der schon in der 35 Anm. angeführten Stelle aus dem 9. Gedicht des 3. Buchs der Consolatio, auch der Anfang des folgenden Gedichtes (V. 1—6) Mit Vorliebe stellt Boetius den Gang, welchen die von Gott ausgegangene und zu ihm zurückkehrende Seele vollendet unter dem Bilde eines durch Rückkehr in sich selbst sich schliessenden Kreises dar: III, metr. 2, V. 36—38; metr. 9, V. 20 f.; IV, metr. 6, V. 40—48. Darum klingt denn auch ein entschiedenes und kühnes „Sursum corda!" überall durch die Consolatio hindurch: IV, metr. 1, 31—35. Ebenso V, metr. 5, 9—15 mit Beziehung auf die den Menschen auszeichnende aufrechte Gestalt. — Alle diese Gedanken aber gehen wie der rothe Faden durch das ganze Gewebe der Commedia.

[74]) Consolatio, V, pros. 4. lin. 45 ff, lin. 57 ff. und Parad. XVII, 40—42.

[75]) Parad. XXII, 133—135:
    Con viso ritornai per tutte quante
     Le sette spere, e vidi questo globo
     Tal, ch'io sorrisi del suo vil sembiante.

stimmung beruht auf den grossen Grundgedanken dieser Schrift, welche Dante, da seine Seele von Himmel zu Himmel sich erhebt, um im seligen Schauen Gottes ihren Kreislauf zu vollenden, von Stufe zu Stufe begleiten. Und das Wort des Boetius:

    O felix hominum genus,
    Si vestros animos amor
    Quo coelum regitur, regat,

klingt noch in der Schlussterzine der unvergleichlichen Dichtung nach:

    Ma già volgeva il mio desiro e'l velle,
    Si come ruota che igualmente è mossa,
    L'Amor che muove il Sole è l'altre stelle.

Denn unvergleichlich bleibt die Divina Commedia trotz alle dem, und ich hoffe die Versicherung kaum nöthig zu haben dass ich mit meinen Andeutungen der „Originalità della Divina Commedia", über welche Cancellieri ein ganzes Buch geschrieben hat, nicht habe zu nahe treten, noch überhaupt einen Beitrag liefern wollen zu dem mit Recht berüchtigten: „Ante oculos habuisse videtur." Aber Dante ist in ganz besonderem Masse ein gelehrter Dichter, und er hat aus dem reichen Schatze seines Wissens in seine Commedia gar Manches „hineingeheimnisst", dessen Erforschung immerhin ihrem Verständniss und zugleich der Erkenntniss dienen mag, dass seine gewaltige und ursprüngliche dichterische Gestaltungskraft sich ganz besonders auch in der Art bewährt, wie er alle jene Elemente seinem grossen Plane dienstbar gemacht hat. Auch unser grosser deutscher Dichter hat dem Original, welches sich rühmt, von keiner Schule zu sein, kein günstiges Prognostikon gestellt, und seiner eigenen Originalität nichts zu vergeben geglaubt mit dem Satze: „Alles Gescheide ist schon gedacht worden, man mus nun versuchen, es noch einmal zu denken."

---

Und Consolatio, IV, metr. I, V. 1—4:
    Sunt enim pinnae volucres mihi
    Quae celsa conscendant poli.
    Quas sibi cum velox mens induit
    Terras perosa despicit.